全国职业院校建筑职业技能（竞赛）实训教材

# 建筑 CAD 技能实训

## （附：建筑 CAD 赛题剖析）

## （第二版）

主　编　董祥国

副主编　张　娇

主　审　阳艳美

中国建筑工业出版社

图书在版编目（CIP）数据

建筑 CAD 技能实训：附：建筑 CAD 赛题剖析 / 董祥国主编；张娇副主编. — 2 版. — 北京：中国建筑工业出版社，2022.8（2025.5 重印）
全国职业院校建筑职业技能（竞赛）实训教材
ISBN 978-7-112-27383-6

Ⅰ. ①建… Ⅱ. ①董… ②张… Ⅲ. ①建筑设计－计算机辅助设计－AutoCAD 软件－高等职业教育－教学参考资料 Ⅳ. ①TU201.4

中国版本图书馆 CIP 数据核字(2022)第 081012 号

　　本教材的特点是将建筑工程设计和应用与 CAD 技术相结合，以绘制建筑图样（图形）为目标，以 CAD 为手段。全书共分 7 单元和 3 个附录，主要内容有：绘图环境的组织与优化、平面图形的绘制与编辑、文字标注与尺寸标注、建筑构件图样绘制、建筑施工图绘制、布局与图形输出、项目协同与管理、房屋建模。附录分别对 2021 年全国职业院校技能大赛建筑 CAD 项目 3 个模块的试题进行了剖析。

　　本教材可以作为土建类专业建筑 CAD 实训课教材，也可用做建筑 CAD 竞赛指导或培训教材，还可供建筑行业相关技术人员的学习和参考。为了便于本课程教学，作者自制免费课件资源，索取方式为：1. 邮箱：jckj@cabp.com.cn；2. 电话：(010)58337285；3. 建工书院：http://edu.cabplink.com；4. QQ 交流群：796494830。

教材服务群

责任编辑：司　汉　聂　伟
责任校对：芦欣甜

全国职业院校建筑职业技能（竞赛）实训教材
# 建筑 CAD 技能实训
## （附：建筑 CAD 赛题剖析）
### （第二版）

主　编　董祥国
副主编　张　娇
主　审　阳艳美

*

中国建筑工业出版社出版、发行（北京海淀三里河路 9 号）
各地新华书店、建筑书店经销
北京红光制版公司制版
北京圣夫亚美印刷有限公司印刷

*

开本：787 毫米×1092 毫米　1/16　印张：14¾　字数：356 千字
2022 年 8 月第二版　　2025 年 5 月第六次印刷
定价：42.00 元（赠教师课件）
ISBN 978-7-112-27383-6
（39106）

# 修订版前言

建筑 CAD 技能属于智慧型技能，它以知识为基础、以 CAD 软件为平台，可以高效、准确地设计和绘制建筑施工图，CAD 技能已成为建筑从业人员的一项重要职业技能之一。

本教材第一版自 2016 年出版以来，吸引了一大批读者，并深受读者的好评，对土木建筑等相关专业的 CAD 教学有一定指导作用，尤其对建筑 CAD 竞赛对象起到技能引领作用。但是，一方面考虑到老版教材的内容与专业发展和软件升级有所脱节，亟需修订；另一方面，上版教材主要基于 AutoCAD 2016 平台，在目前的国际形势下，需要采用有自主知识产权的软件，国产中望 CAD 已经成熟，并用于全国职业院校技能大赛软件，故本次修订将使用中望 CAD 2021 教育版平台。

本教材的特点是将建筑工程设计和应用与 CAD 技术相结合，以绘制建筑图样（图形）为目标，以 CAD 为手段。本次修订的编写架构"项目引导、任务驱动"不变，依然以"紧密联系建筑工程实例，强调操作技能训练，突出解决实践问题能力的培养"为指导思想，从知识背景、技术标准和 CAD 技能三方面组织编写，但更注重与相关建筑制图、房屋构造、建筑标准和设计规范等知识的有机融合，把 CAD 技能落实在知识之中。为更有效地学习，针对每个任务都配备了数字资源，可以扫码下载。

本次修订参考了最新版标准，包括《房屋建筑制图统一标准》GB/T 50001—2017、《民用建筑设计统一标准》GB 50352—2019、《托儿所、幼儿园建筑设计规范（2019 年版）》JGJ 39—2016 等。

本次教材修订组织了 2021 年全国职业院校技能大赛建筑 CAD 项目的优秀指导教师参与，同时也得到中望龙腾软件股份有限公司的积极响应。教材由东南大学董祥国任主编并统稿，广西建设职业技术学院阳艳美任主审，常州市高级职业技术学校张娇任副主编。单元 1 和单元 5 由福建理工学校汤彬芳编写，单元 2 和附录 2 由苏州建设交通高等职业技术学校葛辉编写，单元 3 由董祥国编写，单元 4 由重庆工商学校刘庆编写，单元 6 和附录 1 由张娇编写，单元 7 和附录 3 由常州市高级职业技术学校任顺利编写。

在本教材的编撰与出版过程中得到了中国建筑出版传媒有限公司和中望龙腾软件股份有限公司的相关人员支持、帮助和关心，也得到了朋友和家人支持和关照，在此特向他们表示衷心的感谢。

本教材在编写过程中，参考了部分教材与著作，在此谨向文献的作者致谢。

限于编者水平，书中错误与不当之处难免，敬请广大同仁及读者不吝指正，在此谨先表谢忱。

# 前　　言

计算机辅助设计与绘图即通常所说的 CAD（Computer Aided Design），具有速度快、效率高以及绘图和设计精确等特点。CAD 的应用领域非常广泛，在建筑工程中普遍采用 CAD 技术进行设计与绘图，而且，随着现代信息技术的迅速发展与逐渐普及，以 CAD 为基础平台的设计、施工管理和控制软件也在逐渐开发和成熟，CAD 已成为建筑从业人员的一项重要职业技能。

本书以"紧密联系建筑工程实例，强调操作技能训练，突出解决实践问题能力的培养"为指导思想，从知识背景、技术标准和 CAD 技能三方面组织编写。全书内容分为两大部分：一是技能实训；二是全国职业院校技能大赛建筑 CAD 技能试题剖析和识图试题剖析，分别基于 AutoCAD 2016 和中望 CAD 2014 平台。

技能实训部分采用"项目引导、任务驱动"架构编写，每个项目由相关的多个任务有机组成。项目的设置紧紧围绕"建筑 CAD"主题，并针对建筑设计、施工实例进行任务设计和单元展开，通过任务的形式巩固知识、掌握关键命令、提升 CAD 技能。本书的基石是任务，具体框架如下：

任务描述：简要说明任务内容、要求、目标，或以任务书的形式布置任务。

相关知识：开列先导知识，明确完成该任务的原理、规范等。

技能要点：提炼操作理念、说明关键命令。

任务实现：具体的操作流程或操作步骤，并适当说明。

技能提升：对关键知识和技能进行总结。

操作练习：编制与任务相关的习题。

竞赛试题剖析部分用图文并茂的方式，从建筑工程知识背景到 CAD 技能对竞赛试题作了全面而深入的剖析，使读者在掌握相关规则、知识和技巧的前提下，掌握标准化的图形绘制。在剖析技能试题的 5 个任务时，将理论知识、建筑设计需求与计算机制图有机地结合起来，充分体现了建筑 CAD 的智慧型技能。在剖析识图试题时，从所涉及的知识点出发，经过分析，回归答案，有理有据。

本书的特点是将建筑工程设计和应用与 CAD 技术相结合，以绘制建筑图样（图形）为目标，以 CAD 为手段。本书共分 7 个单元，主要内容有：AutoCAD 2016 基本操作，平面图形绘制，建筑构件图样与建筑施工图绘制，图形输出，建筑协同设计，房屋建模。本书附录为 2014 年全国职业院校技能大赛建筑 CAD 技能试题和识图试题剖析。

本书参考了最新标准，主要包括《总图制图标准》GB/T 50103—2010、《房屋建筑制图统一标准》GB/T 50001—2010、《建筑制图标准》GB/T 50104—2010、《建筑结构制图标准》GB/T 50105—2010、《技术制图简化表示法图样画法》GB/T 16675.1—2012、《技术制图 简化表示法 第 2 部分：尺寸注法》GB/T 16675.2—2012、《住宅设计规范》GB

50096—2011、《混凝土结构施工图平面整体表示方法制图规则和构造详图（现浇混凝土框架、剪力墙、梁、板)》11G101-1。

本书可以作为土木建筑类建筑 CAD 实训教材，也可作为建筑 CAD 竞赛指导或培训教材，还可供建筑行业相关技术人员的学习和参考。

本书由东南大学董祥国任主编，苏州建设交通高等职业技术学校王毅芳任副主编。单元 1 由北京城市建设学校仇务东编写，单元 2 由江苏省南京工程高等职业学校余冬编写，单元 3 和附录 2 由王毅芳编写，单元 4 的项目 4.1 由宁波行知中等职业学校武国超编写，单元 4 的项目 4.2 由南京高等职业技术学校汤熙海编写，单元 5 由天津国土资源和房屋职业学院孙茜编写，单元 6 和附录 1 由董祥国编写，单元 7 由江苏省武进职业教育中心校沈龙编写。

本书的编撰与出版得到了中国建设教育协会领导的大力支持、帮助和关心，在此表示衷心的感谢。

本书在编写过程中，参考了部分教材与著作，在此谨向文献的作者致谢。

限于编者水平，书中错误与不当之处难免，敬请广大同仁及读者不吝指正，在此谨先表谢忱。

作者
2015.10

# 目　　录

# 单元 1　中望 CAD 2021 教育版基本操作

本单元将介绍中望 CAD 2021 教育版的相关基础知识，包括中望 CAD 2021 教育版的工作空间、基本操作、图形显示、对象选择以及属性管理等内容，掌握这些知识是利用中望 CAD 进行绘制建筑工程图样的基础。

为叙述和读者阅读方便，本书采用了一些符号来表示不同的含义，作如下约定：

1. 符号"→"：表示操作路径、操作顺序，如"新建两个水平视口操作"："视图"选项卡→"视口"面板→点击"■两个：水平"按钮。

2. 符号"↵"：表示按回车键或空格键（个例除外）。所有通过键盘输入的命令、选项或数据，均按该键确认。

3. 鼠标动作：左右键与 Windows 系统规范相同：如"左击""右击""双击""拖动"。"单击"和"点取"都指将光标移动到目标对象上按鼠标左键一下后松开；"拾取"指光标在视口的某一坐标点处，按鼠标左键一下后松开即可。中键"滚轮"的操作有：按下并移动鼠标称为"拖动中键"；推动滚轮向前或向后称为"前推""后拉"。特别说明的是"悬停"是指光标停留在目标（如按钮、夹点）上 2 秒以上。

4. 符号"【】"：用来标识功能键，如【F5】指键盘上的"F5"键。

5. 用键盘输入命令、选项或参数时，大小写字母没有区别。

6. 窗口操作：与 Windows 系统规范相同，本书不再赘述。

7. 命令的操作流程用小一号的楷体；需输入的命令、选项或数据等字符用黑体并带下划线，以示与系统提示相区别，后跟的黑体字为用户动作，圆括号内为注释。

8. 为简洁起见，在命令流程中省去了部分与当前操作不相关的提示信息，请读者操作时注意对照。

## 项目 1.1　中望 CAD 2021 教育版基础知识

基于 Windows 操作系统下的应用程序有大体相同的界面风格，通常都有标题栏、下拉菜单、功能选项卡或工具栏、成果显示窗口等组成，操作中都是以菜单后的三角箭头"▶"预示有子菜单和省略号"…"预示打开对话框。对中望 CAD 2021 教育版的操作有所特别之处，需要从工作界面出发，认识和掌握该应用程序的基础知识。

中望 CAD 2021 教育版实现了设计绘图更高效更稳定，不断更新扩展 CAD 能力边界，可持续发展能力突显了中国工业软件的自强与发展，国产软件正逐步实现从"可用"到"好用"跨越，国人为之自豪。

### 任务 1.1.1　熟悉工作空间界面

中望 CAD 2021 教育版有两种基本工作空间的界面供用户选择使用，包括"中望 CAD 经典"界面和"二维草图与注释"界面。中望 CAD 2021 教育版的初启界面采用了中望 CAD 经典界面，界面深沉、有点灰暗。"二维草图与注释"采用了时尚的功能选项卡风格。

熟悉工作空间界面并对它进行用户个性化设置是使用好软件的基本前提。

[任务描述]

启动中望 CAD 2021 教育版，新建一个文件，了解初启界面和功能选项卡界面，并对工作界面环境进行一些简单的设置和操作：将界面亮显；隐藏和显示功能区；显示和输入坐标；创建、切换工作空间；设置图形单位。

[相关知识]

计算机操作基础，菜单的使用。

[技能要点]

界面基本设置，熟悉中望 CAD 2021 教育版经典界面和功能选项卡界面的操作。

[任务实现]

1. 启动中望 CAD 2021 教育版

启动中望 CAD 2021 教育版的主要方法有两种：

（1）双击桌面快捷图标。

（2）在电脑左下角单击"开始"→"ZWSOFT"→"中望 CAD 2021 教育版"。

启动中望 CAD 2021 教育版后，将进入"中望 CAD 经典"界面，如图 1-1 所示。默

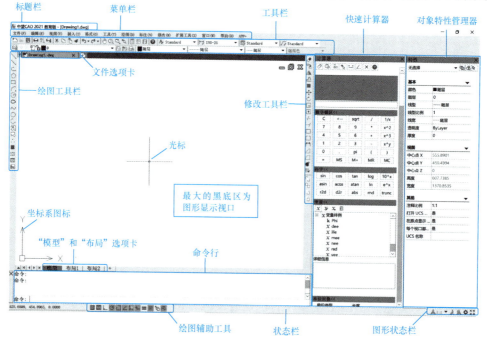

图 1-1　中望 CAD 2021 教育版初启界面

认的图形显示视口是黑色，为印刷清晰，本书的图例均改为白底状态。

2. 了解界面组成

对用户来说使用哪种空间开展设计绘图效果是一样的，主要取决于你的操作习惯。各个工作空间界面看似区别很大，其实本质是相同的，各个工作空间的内部命令并没改变，只不过是命令组合的变化。在熟悉了一种空间后就可以很快熟悉另一种工作空间。本教材选择新颖的"二维草图与注释"工作空间界面介绍，而"中望 CAD 经典"界面本教材不再赘述。

切换工作空间的方法见本任务后面的叙述。

"二维草图与注释"工作空间界面如图 1-2 所示，主要包括：

（1）应用程序按钮和快速访问工具栏：其功能主要是关于文件的有关操作。

（2）图形显示视口：其实是个无限大的三维空间，通过该视口可以观察图形，实现对图形的显示控制。

（3）各功能选项卡及其功能区：如界面所示的"常用"功能选项卡有"绘制""修改""注释""图层""块""特性""属性"等功能区。各功能区中又集成了相关功能图标按钮，单击图标按钮就是执行对应的命令；单击向下的三角箭头"▼"，可展开更多的功能图标按钮。

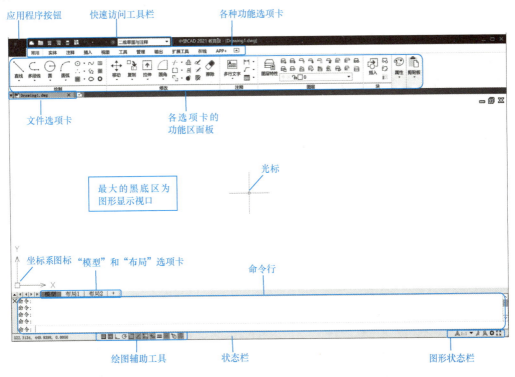

图 1-2　中望 CAD 2021 教育版"二维草图与注释"界面

1-1 中望CAD2021教育版工作界面

3

（4）命令行窗口：显示绘图命令和系统提示信息。

（5）坐标系：坐标系图标称为 WCS 图标，显示坐标轴的正方向。

（6）光标：光标是鼠标指针的象征，在界面的不同区域和不同运行状态，光标所表现出的形状是不相同的，也表明了不同的含义。

（7）文件选项卡：显示打开的文件名称，在标签上右击，会弹出快捷菜单，可以对该文件进行简单的操作；单击"加号" ⊞ 选项卡，会新建一个文件。

（8）状态栏：有效、灵活地使用状态栏，会对提高绘图效率、精确绘制图线、图解作图等都带来很大的帮助和便利，包括光标位置、图形状态栏及绘图辅助工具等内容。

（9）图形状态栏：位于状态栏的右侧部分，包括注释比例 ⚖1:1 ▼、注释可见性 ⚖、自动缩放 ⚖、工作空间切换 ✿ 及清理屏幕按钮 ⚟。

（10）绘图辅助工具：熟练掌握绘图辅助工具是保证绘图准确性和提高绘图效率的重要前提。按下的按钮表示启用了该辅助工具，其中三个最重要的辅助工具是：极轴追踪、对象捕捉和对象捕捉追踪。

（11）"模型"和"布局"选项卡：用于在模型空间和图纸空间切换。关于图形空间的意义、设置和作用详见单元 5。

3. 亮显界面

初启界面都是"暗显"，可以设置为"亮显"。

点击应用程序按钮 ⚞ 将下拉面板中一个重要的按钮 ✿ 选项，点击它将弹出"选项"选项卡。或键盘输入命令"OPTIONS"→打开"选项"对话框，按如图 1-3 所示进行设置后，界面将亮显，结果如图 1-2 所示。

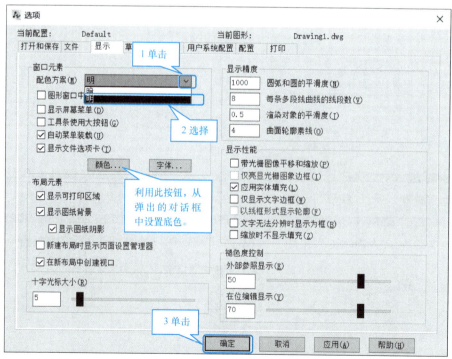

图 1-3　"选项"对话框设置后，界面将亮显

通过"选项"对话框也可更改底色。

4. 隐藏和显示功能区

隐藏和显示功能区：在各功能选项卡中➡单击下拉菜单"▲"，就可以对"功能区"的隐藏和显示进行切换。如图 1-4 所示。

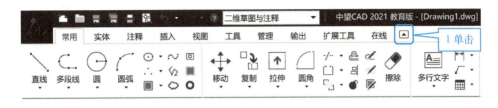

图 1-4　设置功能区的隐藏和显示

5. 坐标形式

点的坐标是图形的基本构成，CAD 软件系统提供了多种点的坐标表达形式，主要有：直角坐标、极坐标系、柱坐标和球坐标，平面二维绘图主要用直角坐标（笛卡尔）和极坐标，如图 1-5 所示。

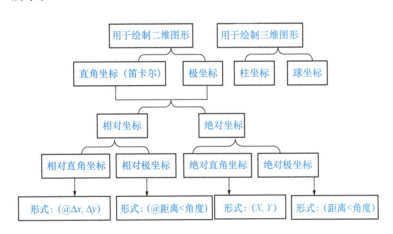

图 1-5　坐标表达图

6. 切换、保存和创建工作空间

（1）切换与保存工作空间

① 切换工作空间：在快速访问工具栏上，点击控件 二维草图与注释 ▼ ，可以很方便地切换工作空间。或单击状态栏的"工作空间切换"按钮 ⚙ ➡选择某一工作空间，如图 1-6 所示。

② 保存工作空间：无论选择哪一种工作空间，用户都可以对其进行更改，也可以自定义并保存自定义工作空间，如自定义"中望 CAD 经典"工作空间：单击按钮 ⚙ ➡单击"自定义..."➡单击"中望 CAD 经典"➡单击"自定义工作空间"➡修改"自定义设置"➡单击"完成"➡单击"保存所有当前自定义文件"，如图 1-7 所示。

图 1-6　切换工作空间

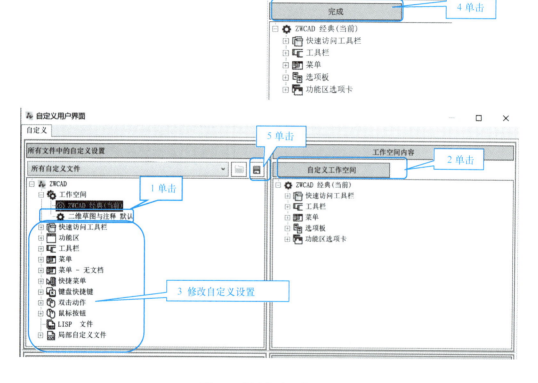

图 1-7　创建保存工作空间

（2）创建新工作空间

中望 CAD 2021 教育版可以创建新工作空间，方法之一如下：

单击按钮 ⚙ →单击"自定义 . . ."→单击"工作空间"→鼠标右键选择"新建工作空间"→单击"工作空间 1"可修改空间名称→单击"自定义工作空间"→修改"自定义设置"→单击"完成"→单击"保存所有当前自定义文件"，如图 1-8 和图 1-9 所示。

将新工作空间删除：单击"工作空间 1"→鼠标右键单击"删除"，如图 1-10 所示。

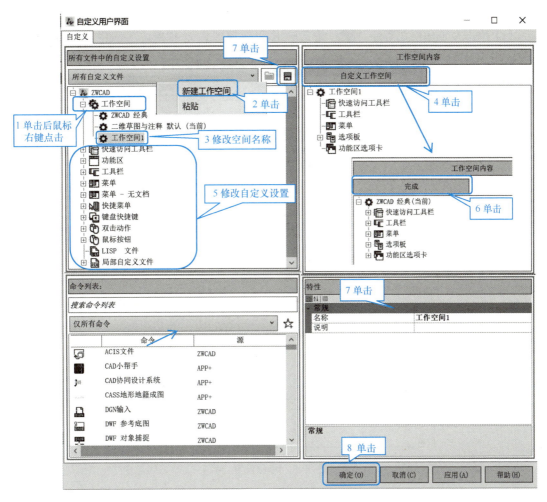

图 1-8 创建新工作空间

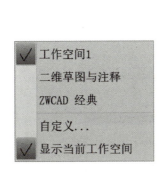

图 1-9 创建新工作空间成功

图 1-10 新工作空间删除

### 7. 设置图形单位

（1）单击左上角应用程序""按钮→"图形实用工具"→"单位"，如图 1-11 所示。

1-2　工作空间创建
与图形单位设置

图 1-11　单位设置

（2）系统将弹出如图 1-12 所示的"图形单位"设置对话框。"长度"精度选择小数点后两位；"角度"类型和精度均可根据需要选择。

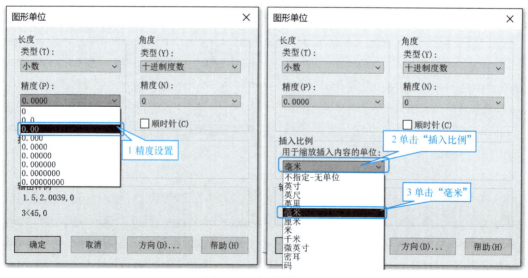

图 1-12　图形单位设置

［技能提升］

　　1. 通过界面的设置，形成自己的工作习惯。

　　2. 工作空间的界面看似区别很大，其实本质上是相同的，各个空间的内部命令并没有改变，只不过是视觉上的变化，在熟悉了一种工作空间后就可以很快熟悉另一种工作空间。

　　3. 在动态输入状态下（用【F12】来打开和关闭动态输入），直接输入相对坐标即可。

　　4. 在直角坐标系和极坐标系中都分为"绝对坐标"和"相对坐标"。

　　5. 在屏幕底部状态栏中显示当前光标所处位置的坐标值，该坐标值有两种显示状态——静态显示和动态显示。切换方法有两种：

　　（1）在状态栏中显示坐标值的区域，单击右键弹出快捷菜单，可在菜单中选择所需状态。

　　（2）功能键【F6】开关切换。

［操作练习］

　　1. 打开中望 CAD 2021 教育版软件，将底色更改为其他颜色。

　　2. 切换工作空间：将"中望 CAD 经典"工作空间界面切换为"二维草图与注释"工作空间界面，并设置图形单位。

## 任 务 1.1.2　管 理 图 形 文 件

　　利用中望 CAD 2021 教育版进行绘图时，需对文件进行常用的管理操作，如图形文件的新建、命名、打开、图形之间的复制以及对图形文件进行保存或退出。因此，在绘图之前，学会常用的文件管理方法是有必要的。

［任务描述］

　　要求用多种方式新建、打开、保存及保存其他版本文件、关闭图形文件，设置自动保存文件间隔时间。

［相关知识］

　　创建新文件的各种方法、将文件永久保存为低版本文件的方法。

［技能要点］

　　1. 对文件管理操作的各种方法。

　　2. 对自动保存文件的间隔时间设置。

［任务实现］

　　1. 新建图形文件

　　新建文件有以下六种途径：

　　（1）应用程序按钮：单击 ➡ 单击 新建。

　　（2）菜单：单击"文件（F）"➡单击 新建(N)... 。

　　（3）快速访问工具栏 ：单击 。

（4）文件选项卡：单击"▣"卡签或在其右击菜单中选择。

（5）命令：NEW。

（6）组合键：【Ctrl】＋N。

执行该命令后，系统将弹出如图 1-13 所示的"选择样板文件"对话框。

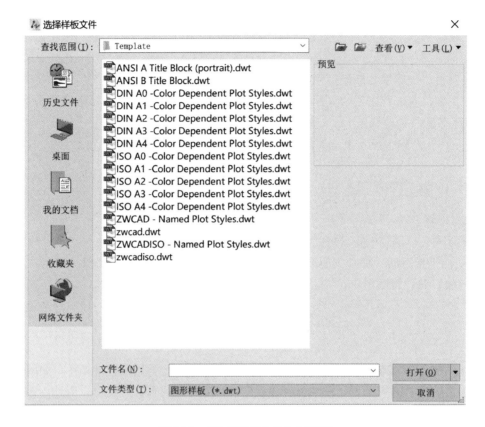

图 1-13　"选择样板文件"对话框

在其中选择某个合适的样板文件，单击 打开(O) ▼按钮，即以该样板为基础创建一个新图形文件。样板文件主要定义了图形的输出布局和标题栏、单位制等。用户可以创建自己的样板文件，以满足本单位或某项目的需要。单击后面的▼按钮，让用户选择采用无样板公制或无样板英制新建文件。

2. 打开图形文件

打开文件有以下五种途径：

（1）应用程序按钮：单击 ➡单击 📁 打开。

（2）菜单：单击"文件（F）"➡单击 📁 打开(O)… 。

（3）快速访问工具栏：单击 📁 。

（4）命令：OPEN。

（5）组合键：【Ctrl】＋O。

执行该命令后，系统将弹出如图 1-14 所示的"选择文件"对话框。在该对话框中可以同时打开多个文件。按住【Ctrl】键选择要打开的文件，再按住【Shift】键连续选中多个文件（与 Windows 选择文件的操作完全相同），单击 打开(Q) 按钮即可。以只读方式打开文件，单击 按钮，选中"以只读方式打开"后，此时不能修改被打开的文件。

图 1-14　"选择文件"的对话框

3. 保存图形文件

保存文件有以下五种途径：

（1）应用程序按钮：单击 → 单击 保存或 另存为。

（2）菜单：单击"文件（F）" → 单击 保存(S) 或另存为(A)…。

（3）快速访问工具栏：单击 或 。

（4）命令：SAVE 或 SAVE AS。

（5）组合键：【Ctrl】+S 或【Shift】+【Ctrl】+S。

4. 保存其他版本文件

中望 CAD 2021 教育版默认情况下，文件可以高版本"AutoCAD 2013 图形（*.dwg）"格式保存，也可以保存为低版本格式文件，如 AutoCAD 2000 图形（*.dwg）。此外还可以保存为 AutoCAD 2000 DXF（*.dxf）、图形样板（*.dwt）等格式文件。图 1-15显示了保存为 AutoCAD 2004 图形（*.dwg）版本的过程。

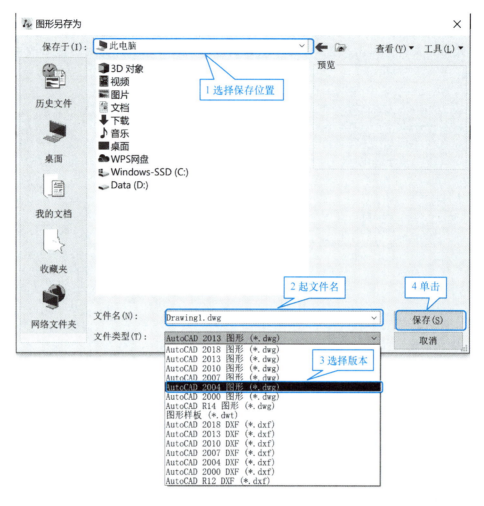

图 1-15　保存 2004 版本文件的设置

5. 将文件永久保存为 AutoCAD 2000 图形（＊.dwg）版本方法

步骤为："工具"→"选项"→"另存为选项"→"所有图形另存"中选取"AutoCAD 2000 图形（＊.dwg）"，如图 1-16 所示。

6. 关闭图形文件

绘制编辑好当前图形文件后，应将其保存关闭，其操作有以下五种途径：

（1）应用程序按钮：单击 ![]→单击 ![] 关闭，或双击 ![]，如图 1-17 所示。

（2）菜单：单击"文件（F）"→单击 ![] 关闭(C)，或单击最右端的 ![]。

（3）文档选项卡：单击 ![]Drawing1.dwg* ✕ 文件中的 ![]。

（4）命令：CLOSE 。

（5）组合键：【Ctrl】+【F4】。

注意：如果当前所编辑的图形文件没有命名，那么单击"是（Y）"按钮后，中望 CAD 2021 教育版会打开"图形另存为"对话框，要求用户确定图形文件存放的位置和名称。

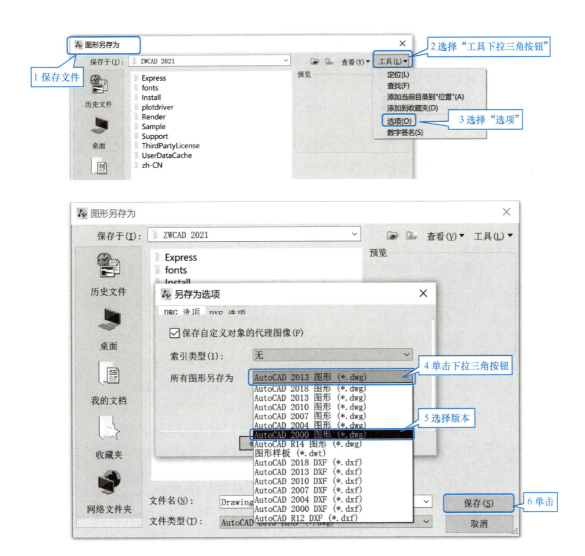

图 1-16　永久选择保存为 AutoCAD 2000 图形（＊.dwg）低版本

图 1-17　双击"　→"关闭并保存文件

7. 设置自动保存文件间隔时间

在 CAD 操作中，由于停电或死机等原因，往往会让自己之前做的工作付诸东流，而不得不重新再做。用户可以设置自动存图时间间隔，将损失减少到最小。设置自动保存时间间隔方法有两种：

（1）单击应用程序按钮 ■ →单击按钮 ☼ ■ 弹出"选项"选项卡→"打开和保存"标签页进行设置。

（2）快捷键：执行命令 OPTIONS，同样打开"选项"对话框→"打开和保存"标签页。

（3）将系统默认的自动存盘间隔分钟数由"10"改成"5"，即每隔 5 分钟，系统自动存盘一次。但建议，保存时间不要太短，如 2 分钟，这样会每隔 2 分钟缓存一次，占用内存空间，影响绘图速度。建议一般 10 分钟为宜，如图 1-18 所示。

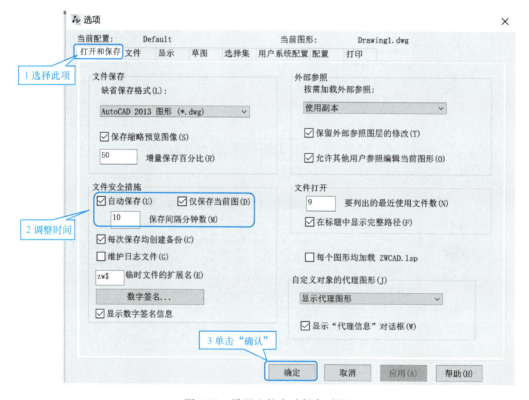

图 1-18　设置文件自动保存时间

［技能提升］

1. 图形文件管理的各种方法与之前版本 CAD 大体相同，可以很快掌握。

2. 为减少由于不及时保存文件带来的损失，要掌握设置文件自动保存时间间隔的方法，并应养成及时保存文件的良好习惯。

3. 执行 QSAVE 命令，若当前图形没有命名保存过，中望 CAD 2021 教育版会弹出"图形另存为"对话框。通过该对话框指定文件的保存位置及名称后，单击"保存"按钮，即可实现保存。

[操作练习]

1. 利用快捷键进行图形文件管理的操作练习，设置文件自动保存时间间隔为 15 分钟。

2. 将中望 CAD 2021 教育版绘制的图形另存为 AutoCAD 2004 图形（*.dwg）格式。

1-3　管理图形文件

## 任务 1.1.3　优化辅助工具

利用中望 CAD 绘制工程图样时，一般以 1∶1 比例进行准确绘图，但是计算机屏幕的大小是有限的，在屏幕上显示出的图形，相当于透过屏幕"窗口"来观察图形，在绘图过程中常常需要放大图形显示，以观察局部细节；而有时需要缩小图形显示，增大查看图形的范围，这些都需要对掌握图形显示控制操作技术。

另外，高效、精准绘制图样还需要结合"正交、捕捉和栅格""对象捕捉""自动追踪""动态输入""快捷特性"等辅助绘图工具来实现。

[任务描述]

1. 打开已知建筑施工图 1-19 所示，用各种图形显示控制方法，刷新视口将视图全部显示、用"窗口"选项显示"坡屋顶挑檐沟详图"、平移视图并观察图形变化。

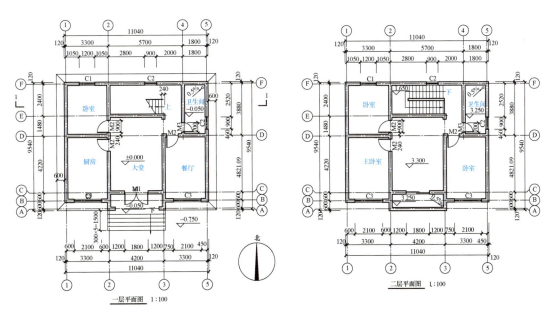

图 1-19　建施图（一）

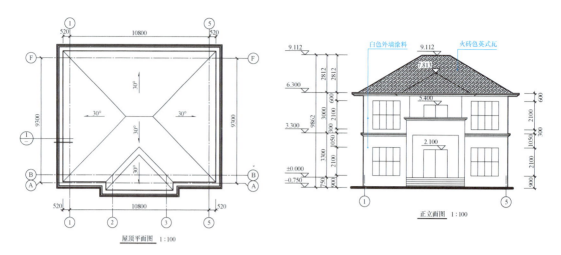

图 1-19 建施图（二）

2. 利用"捕捉、栅格和正交"等工具，通过对这些工具的设置，完成图 1-20 的绘制，要求捕捉间距 X，Y 均设置为 5，栅格间距 X，Y 均设置为 10。中望 CAD 2021 教育版栅格显示方式为方格显示。

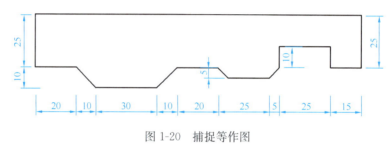

图 1-20 捕捉等作图

3. 利用"对象捕捉、极轴追踪、对象捕捉追踪"等工具，通过对这些工具的设置，完成图 1-21 和图 1-22 的绘制，以下为已知条件：

（1）设置对象捕捉，绘制 100×100 矩形，通过矩形中心绘制直径 50 的圆，用直线相切圆并与垂足于圆的四条直线中心相交，完成图 1-21 图形绘制。

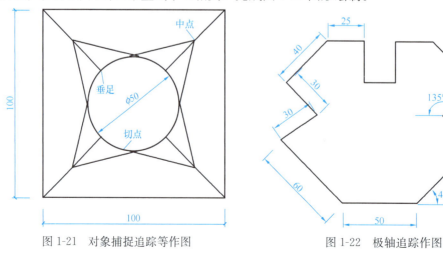

图 1-21 对象捕捉追踪等作图          图 1-22 极轴追踪作图

（2）设置自动追踪，并用极轴追踪完成图 1-22 图形绘制。

[相关知识]

基本绘图命令的使用，绘图辅助工具的设置方法及其配合使用。

[技能要点]

1. 常用视图显示的方法。

2. 对象捕捉的设置和使用。

3. 自动追踪的综合运用。

[任务实现]

1. 平移缩放视图

（1）打开"图 1-19"的中望 CAD 文件。

（2）视图工具

各种控制视图的显示工具如图 1-23 所示。

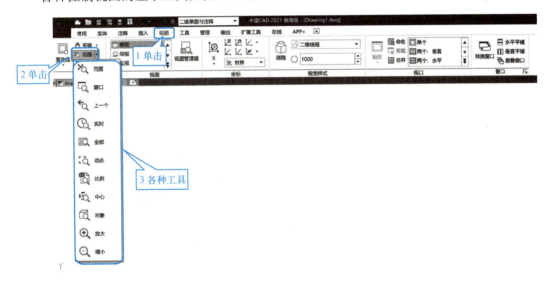

图 1-23　设置"草图与注释空间"的缩放菜单

① 视图全部显示：单击按钮 全部，显示所有可见对象和视觉辅助工具。

② 视图范围显示：单击按钮 范围，将图形在当前视口内最大限度地显示，如图 1-24（a）所示从"1"点到"2"点。

③ 视图窗口显示"坡屋顶挑檐沟详图"：单击按钮 窗口 → 拾取矩形窗口的两对角点，则将矩形窗口内的图形放大显示出来，如图 1-24（b）所示。

④ 平移视图：单击按钮 平移 → 拖动鼠标到具体位置，或者按住鼠标中键并移动鼠标。按【Esc】或【Enter】键退出平移视图操作。

2. 绘制图 1-20

（1）设置并启用"捕捉"和"栅格"工具。

① 设置捕捉和栅格：状态栏右击按钮 或 → 设置 → "草图设置"对话框 → "捕捉和栅格" → 设置捕捉间距 X，Y 为 5，栅格间距 X，Y 为 10，如图 1-25 所示。

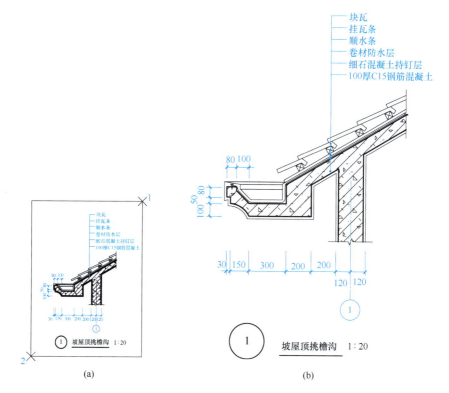

图 1-24　窗口显示

（a）窗口显示之前；（b）窗口显示之后

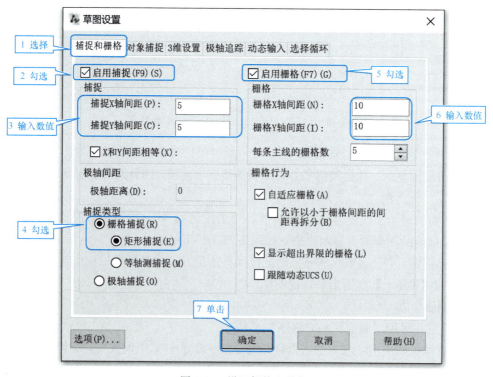

图 1-25　设置栅格和捕捉

② 启用"动态输入"工具：单击状态栏按钮 ，使之蓝显。

（2）绘制图形，观察绘制过程。

执行 PLINE 命令：拾取起点，移动鼠标，发现光标上、下、左、右以 5 的倍数步进，同时在光标附近显示相对坐标数据，如图 1-26 所示，当符合尺寸要求时，依次单击完成图形绘制。

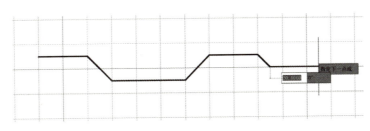

图 1-26 绘制过程

3. 绘制图 1-21 和图 1-22

（1）设置并启用"对象捕捉"工具。

通过对图 1-21 的分析，可知需要捕捉的几何特征点有：中点、中心、垂足、切点、交点。

设置方法：状态栏右击按钮 →单击"设置"→"草图设置"对话框→"对象捕捉"选项卡中勾选，设置完成后对象捕捉按钮 和对象捕捉追踪按钮 蓝显，如图 1-27 所示。

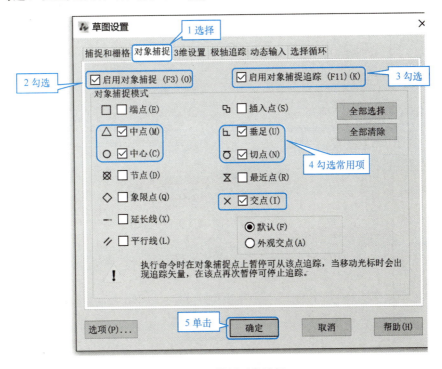

图 1-27 设置对象捕捉

（2）绘制图 1-21，绘图中"对象捕捉"要点如图 1-28 所示。

① 绘制 100×100 矩形：执行 RECTANG 命令，左键点击确定第一个角点，用"尺寸（D）"选项，输入长度和宽度均为 100，左键点击放置矩形。

② 绘制直径 50 的圆，捕捉矩形的几何中心为圆心，输入半径 25 。

③ 绘制垂足于圆的四条直线：点击矩形边的"交点"，捕捉圆的"垂足"。

④ 绘制四条斜直线：捕捉直线的"中点"、圆的"切点"。

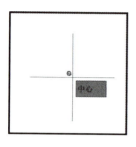 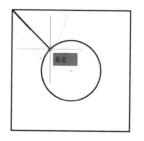 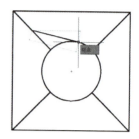

图 1-28　"对象捕捉"要点

（3）设置并启用"极轴追踪"和"对象捕捉追踪"工具。

状态栏右击按钮⊙→单击"设置"→打开"草图设置"对话框→点击"极轴追踪"选项卡，具体设置如图 1-29 所示。根据图 1-22 的角度要求，在"增量角"列表中，新建 145 附加角，点击确定，状态栏中的"极轴追踪"按钮⊙和"对象捕捉追踪"按钮∠蓝显。

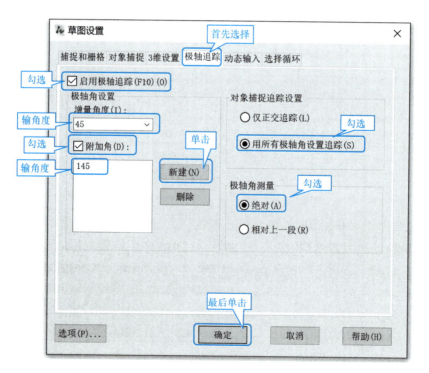

图 1-29　设置极轴追踪

（4）绘制图 1-22，绘图中"极轴追踪"要点如图 1-30 所示。

① 执行 PLINE 命令：拾取起点 1 →绘制到点 2 →在 23 方向出现极轴时输入尺寸 60，绘制到了点 3 →继续绘制到点 7 →绘制到点 8 时，移动光标到点 5 附近，将以点 5 为基点，出现水平极轴，与点 7 为基点的垂直极轴的交点即为点 8。

② 执行 MIRROR 命令，镜像左半部分。

③ 执行 PLINE 命令，绘制点 8 到点 9。

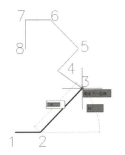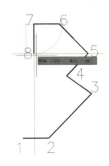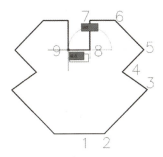

图 1-30　极轴追踪绘制的图形

1-4　辅助工具设置与任务图的绘制

[技能提升]

1. 图形显示中"视口"是"屏幕窗口"；"视图"是图形显示效果。

2. "动态输入框"不能取代命令行信息，如遇到命令操作失败还需要通过命令提示信息进行分析。

3. "对象捕捉"和"栅格捕捉"都可以对点进行捕捉，但是"对象捕捉"所捕捉的对象是"所选对象"的特征点，而"栅格捕捉"所捕捉的是栅格定义了的点。

4. 绘图中，要临时关闭"正交模式"，请在操作时按住【Shift】键。

5. 仅当提示输入点时，对象捕捉才生效，如果在命令提示下使用对象捕捉，将显示信息错误。

6. 如果需要重复使用一个或多个对象捕捉，可以启用"执行对象捕捉"，它将在所有后续命令中保留。例如，可以将"端点""中点""中心"设置为执行对象捕捉。

7. 极轴追踪与正交模式功能不能同时启用，对象捕捉追踪前，先要启用对象捕捉功能。

[操作练习]

熟练应用各种绘图辅助工具，通过极轴追踪设置完成图 1-31 图形绘制。

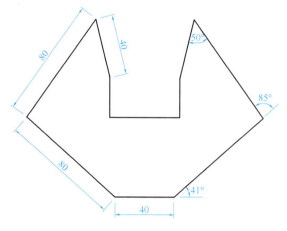

图 1-31　利用辅助工具绘制

# 项目 1.2　中望 CAD 2021 教育版基本操作

中望 CAD 2021 教育版软件有自身操作特点，掌握软件的基本操作方法，可以灵活有效地进行绘图，并提高绘图质量与速度。本项目将介绍"命令访问和对象选择""绘图环境设置""图层管理"等知识。

## 任务 1.2.1　命令访问和对象选择

命令是操作者与中望 CAD 2021 教育版软件之间交流的对话工具。用户通过输入命令，按照命令提示，引导系统进行图形的绘制、编辑、输出等操作。所以，需要掌握访问调用命令的方法。

在实际工程绘图中，图纸大多需要进行反复的加工与修改，在编辑修改这些对象时，就涉及"选择对象"的问题，对象选择是进行编辑图形的基础操作。

[任务描述]

1. 了解中望 CAD 2021 教育版命令的访问方法。

2. 了解命令的重复、取消与恢复等操作。

3. 将复制命令 COPY 的缺省快捷别名"CO"重新定义为"CC"。

4. 了解中望 CAD 2021 教育版对象选择方式。

[相关知识]

1. 熟悉 CAD 命令下达的基本操作和特点。选择适合自己的操作方式。推荐使用在命令行输入命令名字的快捷键方式。

2. 根据图形对象选择的需要，灵活运用对象选择的方法和技巧。

[技能要点]

1. 使用下拉菜单下达命令，需要熟悉并记住命令所在位置。通过命令行输入命令名字，需要熟记命令名字或者该命令名字的快捷键。

2. 对象选择可以是：命令行无命令执行，单击鼠标左键并拖动鼠标，出现选择框，在命令行输入需要的选项进行操作。

[任务实现]

1. 命令的访问方法

在中望 CAD 2021 教育版中用户可以通过以下方式调用命令：

（1）键盘输入：通过在命令行输入命令名。中望 CAD 2021 教育版有命令浏览功能，同时很多常用命令有快捷命令名。

（2）命令按钮：用鼠标单击功能区或工具栏上相应的图标按钮。

（3）下拉菜单：用鼠标从下拉菜单中选择要输入的命令。

（4）工具选项板：提供组织、共享和放置块及填充图案的有效方法，如图 1-32 所示。

调出"工具选项板"的方法："工具"功能选项卡→单击"选项板"功能区的按钮"工具选项板" 。

2. 命令的重复、取消与恢复

（1）在中望 CAD 中，要重复执行上一个命令，可按【←】键、空格键，或在绘图区域中右击→在快捷菜单中选择"重复"命令。

（2）撤销最近执行的命令：执行 UNDO 命令，或单击快速访问工具栏中的"放弃"按钮 。

（3）恢复取消的命令：执行 REDO 命令，或单击快速访问工具栏中的"重做"按钮 。

3. 定义复制命令 COPY 的别名为"CC"

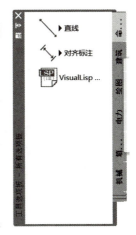

命令别名是在命令提示下代替整个命令名而输入的命令名的缩写，命令别名定义存储在中望 CAD 的 ZWCAD. PGP（程序参数）文件中，可以通过 Windows 的记事本对其进行编辑。

图 1-32　工具选项板

（1）单击功能区 工具(T) 选项卡→单击 自定义(O) 面板→单击"编辑程序参数"按钮。

（2）在 Windows 系统用记事本打开的 ZWCAD. PGP 文件中，按【Ctrl】＋F 键调出"查找"对话框，输入 COPY，单击"查找下一个"找到 COPY 命令，并将其别名改为"CC"→保存文件，如图 1-33 所示。

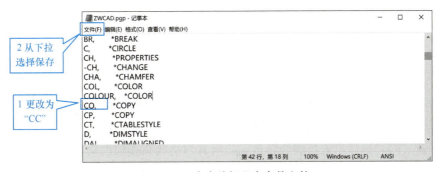

图 1-33　记事本编辑程序参数文件

（3）执行 REINIT 命令，→打开"是否重新加载 ZWCAD.PGP 文件"对话框，单击按钮 ▐ 确定 ▐，如图 1-34 所示。

1-5　定义命令别名

图 1-34　初始化程序参数文件

结果在命令行输入"CC"时，程序将执行"COPY"命令。重新启动程序将自动重载 PGP 文件。

4. 了解中望 CAD 2021 教育版对象选择方式

在执行命令的过程中，当系统要求选择对象时，光标变成拾取框"□"，即进入对象选择状态，可以用各种方法在绘图区以交互方式选择对象。被选中对象默认时将以虚线加亮显示。结束选择操作可以使用空格键、【Enter】键或右击完成。

（1）常用对象选择方式

选择方式有：窗口（W）、上一个（L）、窗交（C）、框（BOX）、全部（ALL）、栏选（F）、圈围（WP）、圈交（CP）、编组（G）、前一个（P）、子对象（SU）、对象（O）等方式。

① 窗口（W）：默认方式，指定一个"1"角点后，随光标移动将显示一个浅蓝色底的实线矩形窗口框，输入第二点"2"后，只选择所有被包含在窗口内可见对象，如图 1-35 所示。

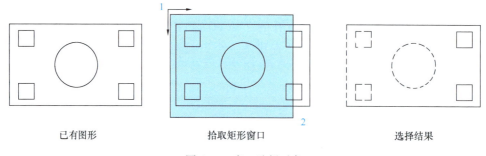

已有图形　　　　　　拾取矩形窗口　　　　　　选择结果

图 1-35　窗口选择对象

② 窗交（C）：指定一个"1"角点后，随光标移动将显示一个浅绿色底的虚线矩形窗口框，输入第二点"2"后，将选中框内对象和与虚线框相交的对象，如图 1-36 所示。

③ 栏选（F）：通过拾取折线的各角点，所有与折线相接触的对象被选择，如图 1-37 所示。

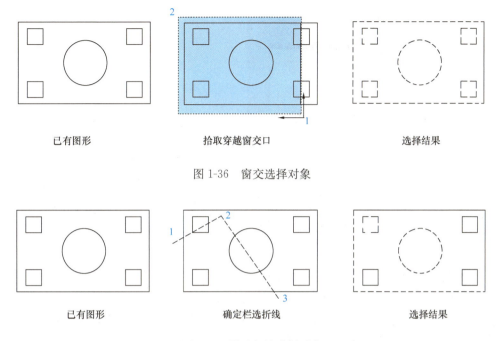

图 1-36　窗交选择对象

图 1-37　栏选折线选择对象

（2）循环选择对象

在图形非常密集或重叠时，拾取框接触到的对象不止一个，系统选择的对象往往是距离靶心最近的对象，此对象可能不是我们想要的，这时不需要放大视图或者调整拾取框的大小进行其他操作，使用循环选择对象功能。方法有两种：

① 在提示"选择对象"时，将光标置于最前面的对象之上，然后按住【Shift】键，并反复按空格键，会拾取框中的对象，出现希望选取的对象后，松开【Shift】键并单击鼠标确认。此法繁琐，见方法②。

② 启用状态栏上的辅助工具循环选择按钮 ，在选择密集或重叠的对象时，系统将弹出选择集对象框，框中将列表出所有可能被选对象，移动光标到列表上，该对象将高亮显示并单击，如图 1-38 所示。

（3）快速选择对象

当需要选择具有共性的对象时，可利用"快速选择"的对话框，根据对象的图层、线型、颜色、填充和图案等特性构造选择集。

图 1-38　选择密集对象

命令访问方法如下：

① 菜单：单击"工具"→单击"快速选择 "→打开"快速选择"对话框。

② 快捷菜单：绘图区鼠标右击→单击  快速选择(Q)... →打开"快速选择"对话框。

③ 命令：执行"QSELECT"命令后，系统弹出图 1-39 "快速选择"对话框。

图 1-39 "快速选择"对话框

1-6 各种对象选择的方法

[技能提升]

1. 缺省快捷键"CO"改为"CC"的原因为:字母"O"键离左手远,当用左手输入命令快捷键时极其不方便,因此要重新设置。高手绘图是左手用键盘输入命令,右手操作鼠标,然而有些命令的名称字母离左手较远不便于输入命令,此时可以为一些常用的命令专门定义对应的快捷方式,能有效地提高绘图效率。

2. 创建对象编组:创建和管理已保存的对象集成为编组。组是一个被命名的、随图保存的、可以反复使用的预置选择集,可以有多个组同时存在。虽然组是保存的对象集,但可以根据需要同时选择和编辑这些对象,也可分别进行。组定义后,可以在"选择对象"提示下,使用 G(Group)选项,并输入组名进行选择和编辑。组的操作工具如图 1-40 所示。

图 1-40 组的操作工具

3. 选择当前视图中全部对象时,若想让某个对象从选择集中退出的方法:先按住【Shift】键不放,再选择需要退出的对象。若某一个图层的对象被冻结了,可见和不可见对象都不被选择。

4. 窗口选择对象和窗交选择对象,所拾取的两对角点与两点左、右相对位置有关,与上、下相对位置无关。

[操作练习]

练习各种命令调用方法,并灵活运用对象选择技巧,掌握定义命令别名技能。

## 任务 1.2.2 图层管理与属性管理

用中望 CAD 软件绘制的图样由图层名称、颜色、线宽、线型来表达不同含义。通过图层可以方便地管理对象,图层管理是一种重要的组织工具。

通过对图层属性的管理,来控制图样的特性变化。图层的特性是指图层的名称、颜色、线宽、线型、打印样式、可打印性、开关、冻结、锁定等属性。图层特性变了,该图层上的对象特性也随之变化。

[任务描述]

1. 了解图层特性管理器的组成。

2. 利用图层特性管理器，按表 1-1 所要求的图层属性创建图层；将"定位轴线"设为当前层。

图层属性 表 1-1

| 图层名 | 颜色 | 线型 | 线宽 |
| --- | --- | --- | --- |
| 0 | 白 | CONTINUOUS | 默认 |
| 楼梯台阶 | 青 | CONTINUOUS | 0.25 |
| 墙体 | 白 | CONTINUOUS | 0.5 |
| 其他 | 白色 | CONTINUOUS | 0.13 |
| 门窗 | 黄 | CONTINUOUS | 0.13 |
| 定位轴线 | 红 | CENTER | 0.13 |
| 标注 | 绿 | CONTINUOUS | 0.13 |
| 散水坡道 | 洋红 | CONTINUOUS | 0.25 |
| 图框 | 白 | CONTINUOUS | 0.7 |

3. 使用给定的图 1-41 图样，在图层特性管理器中完成属性管理的控制：关闭图框层；锁定墙体层；冻结门窗图层；将图框层设置为不打印，观察图样的变化。

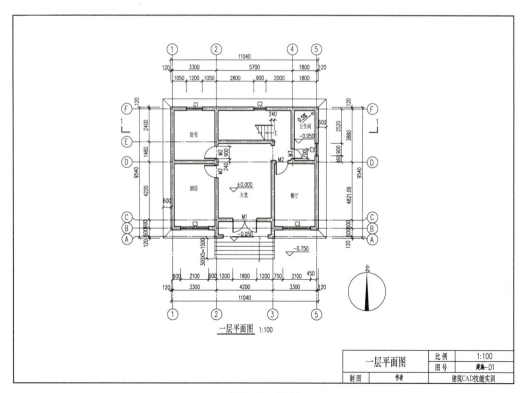

图 1-41　图样

［相关知识］

1. 图层设置及属性管理。

2. 国家建筑制图相关标准对建筑图样的线宽、线型的要求。

［技能要点］

1. 图层属性管理在绘图中的应用。

2. 加载线型的方法。

［任务实现］

1. 了解图层特性管理器

对图层属性的所有设置均在"图层特性管理器"对话框中完成。单击"图层"功能选项卡按钮🗂 ➡打开"图层特性管理器"对话框，其状态的相关说明如图 1-42 所示。

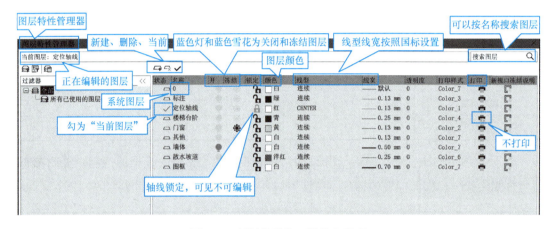

图 1-42　图层特性管理器状态说明

2. 设置"定位轴线"图层

（1）新建和命名：单击"图层特性管理器"对话框中"新建图层"按钮🗂，在名称列下输入"定位轴线"，如图 1-43 所示。

（2）设置图层颜色：单击颜色列下的色块➡打开"选择颜色"对话框，选中红色后单击"确定"按钮，如图 1-43 所示。

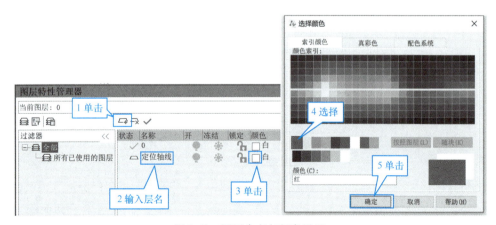

图 1-43　图层命名与颜色设置

（3）设置图层线型：单击线型列下的"线型"→打开"线型管理器"对话框，单击"加载"按钮→打开"添加线型"对话框选，从中选择线型"CENTER"后，单击"确定"按钮，单击"CENTER"→单击"当前（C）"→单击"确定"按钮，如图 1-44 所示。

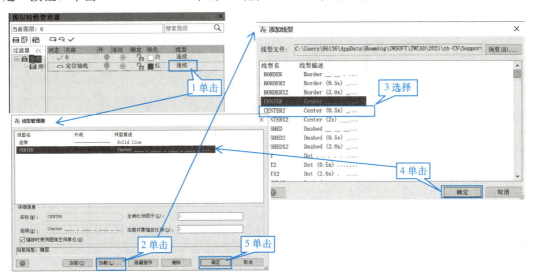

图 1-44　设置图层线型加载点画线

（4）设置图层线宽：单击线宽列下的"线宽"→打开"线宽"对话框，单从中选择线宽"0.13mm"后，单击"确定"按钮，其操作如图 1-45 所示。

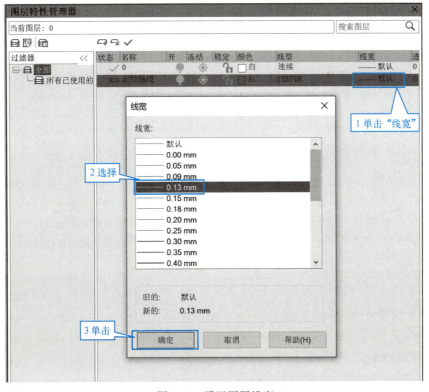

图 1-45　设置图层线宽

3. 同样步骤设置其他图层

4. 对图 1-41 图样进行图层操作

关闭图框层→锁定墙体层→冻结门窗图层→将图框层设置为不打印，如图 1-46 所示。

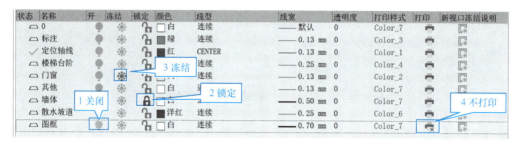

图 1-46　图层属性管理设置

[技能提升]

1. "0"图层是系统图层，有特殊的意义。

2. 满足够用的前提下，图层越少越好，不同图层要用不同颜色，所有图元的各种属性都随层。

3. 线型、线宽组的设置要满足国家建筑制图相关标准的要求。

4. 所有图层具有相同的坐标系、绘图界限、显示时缩放的倍数。

5. 在操作中，有且只有一个图层被置为当前层。

[操作练习]

按照图 1-41 所示，完成相应图层、线型、颜色的设置，线型、线宽等按照国家标准执行。

# 单元 2 平面图形绘制

一套完整的工程图纸是由基本几何图形元素、文字元素和符号元素组成的，这些元素的有效融合表达了设计者的思想，因此，工程图中必须正确、完整、规范地绘制这些元素。本单元将对绘图过程中的样式设置、几何图形绘制、标注、符号定制、工程图样的表达方法展开实训。

我国制图标准将工程图样规格统一，符合设计、施工、存档的要求，并保证图面质量。因此，"工程图样"被喻为工程界共同的技术语言。作为工程技术人员，我们不仅要掌握本专业基础知识，更要掌握制图技术和标准，养成严格遵守各项规范的习惯。敬畏标准，从我做起，让我们一起为建设社会主义现代化强国添砖加瓦。

## 项目 2.1 样 式 设 置

在绘制工程图中，文字、尺寸标注、表格、多线等的样式应进行规范合理的设置，以达到符合国家制图相关规范并节省绘图时间的目的。

### 任务 2.1.1 文 字 样 式 设 置

在 CAD 中，所有文字的字体都是建立在某一文字样式基础之上。因此，设置文字样式是进行文字注释和尺寸标注的首要任务。中望 CAD 软件中附带了很多字体，但是并非所有字体均符合制图国标，因此在进行尺寸标注及文字注释前应先设置符合制图标准与规范的文字样式。

[任务描述]

1. 设置两个文字样式，所有字体宽度因子为 0.7。

（1）文字样式命名为"HZ"，字体名选择"仿宋"，语言"CHINESE_GB2312"，字高设置为 3.5。

（2）文字样式命名为"SZ"，字体名选择"simplex. shx"，并使用大字体"HZTXT. shx"，字高设置为 3。

2. 基于上述样式，完成如图 2-1 所示的文字注写。其中，汉字采用"HZ"书写，西文和数字采用"SZ"书写。

[相关知识]

工程图样对字体的要求（详见《房屋建筑制图统一标准》GB/T 50001—2017）。

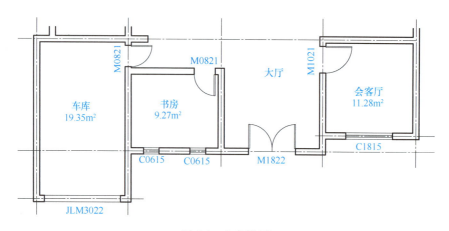

M0821

M0821

大厅

M1021

车库
19.35m²

书房
9.27m²

会客厅
11.28m²

C0615　C0615

M1822

C1815

JLM3022

图 2-1　文字注写

[技能要点]

1. 新建文字样式。

2. 注写文字。

3. 关键命令有：STYLE、MTEXT、DTEXT。

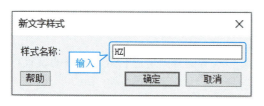

图 2-2　新建文字样式

[任务实现]

1. 设置文字样式 HZ

执行命令 STYLE（ST），→"文字样式管理器"对话框→单击 新建(N) 按钮，将打开如图 2-2 所示的"新文字样式"对话框，输入样式名"HZ"→单击 确定 按钮，中望 CAD 返回"文字样式管理器"对话框，并在"当前样式名"列表框中显示出新建的文字样式名。

在"文字样式管理器"对话框的"文本字体"区，设置文字样式使用的字体"仿宋"。在"文本度量"区，设置高度为"3.5"（仿宋字为汉字，汉字的高度不应小于 3.5mm），设置宽度因子为 0.7，如图 2-3 所示。

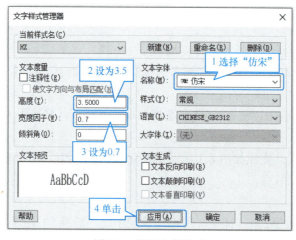

图 2-3　设置文字样式

### 2. 设置文字样式 SZ

单击 新建(N)... 按钮，输入样式名"SZ"→单击 确定 按钮→对"文字样式管理器"对话框进行设置：在"文本字体"区，选择字体"simplex.shx"，在"大字体"位置选择大字体"HZTXT.shx"。在"文本度量"区，输入高度为"3"，输入宽度因子"0.7"，如图 2-4 所示。

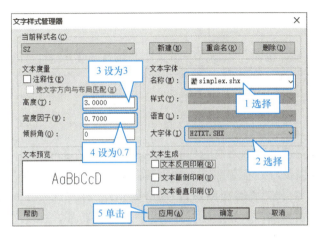

图 2-4 文字样式"SZ"的设置

### 3. 用单行文字 DTEXT 命令输入"车库"，流程如下：

```
⚙ 命令：DTEXT ↵
  当前文字样式："SZ"文字高度：3 注释性：否
  指定文字的起点或 [对正 (J) /样式 (S)]：S ↵
  输入文字样式或 [?] < SZ >：HZ ↵ (选择了汉字样式)
  指定文字的起点或 [对正 (J) /样式 (S)]：拾取一点
  指定文字高度 <3>：3.5 ↵
  指定文字的旋转角度 <0>：↵
  车库 ↵ ↵ (一次回车，另起一行输入文字；两次回车结束命令)
```

### 4. 用多行文字 MTEXT 输入"19.35m²"，样式为"SZ"：

执行"MTEXT"命令→在绘图区适当位置拾取两对角点后，弹出"文本格式"对话框→在文字样式区选择文字样式"SZ"，在文字高度区输入"3"→在"文字输入窗口"输入"19.35m"，如图 2-5 所示→在"文本格式"对话框中单击符号按钮，在弹出的子菜单中选择"平方"，完成房间面积的注写→将前述创建的文字移动到合适位置，完成后效果如图 2-6 所示。

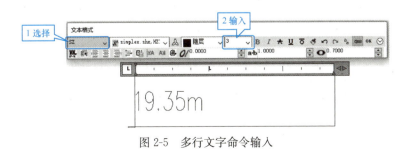

图 2-5 多行文字命令输入

车库
19.35m²

图 2-6 完成后效果

5. 利用相同方法，完成其余文字的注写。

6. 效果比较

（1）在字体外观上，单行文字和多行文字创建的文字没有区别，但是在创建过程中，两者有显著区别。多行文字创建过程中可在文本格式窗口进行文字样式、字高、倾斜、加粗等多种文字编辑命令，在创建的文字中，能够实现不同字体、不同字高的样式设置。而单行文字则只能选择文字样式和插入角度，且字高都是统一的，创建的每一行文字都是一个独立的对象。

（2）使用单行文字命令时，当输入一行文本并按【↵】键后，光标将移动到下一行的起始位置，若不输入文本，再按【↵】键，则结束命令；使用多行文字命令时，每按一次【↵】键，则切换至下一行的输入位置。

[技能提升]

1. "文字样式管理器"对话框的功能主要有：新建文字样式、修改已有文字样式、设置当前文字样式以及对已有文字样式重命名、删除等。

2. 多行文字命令不仅能够让用户像使用 Word 一样对文字进行编辑，非常方便，也可以输入一些特殊字符，例如度数、直径、平方等。此外，多行文字能够实现文字的堆叠式效果，在输入作为分子和分母的文字时，其间用"/"、"♯"或"^"符号分隔，然后选中这部分文字，最后单击"堆叠"按钮，实现垂直堆叠、对角线堆叠、尺寸公差的效果，如图 2-7 所示。

图 2-7  文字三种堆叠效果

2-1 文字样式
设置与输入

3. 若打开一个由其他软件创建的 dwg 文件后，发现文字以"？"形式出现，表明在中望 CAD 中没有该字库文件，只要把文件中无法正常显示的字体替换为 HZTXT 大字体即可正常显示。

4. 在绘制结构施工图时，我们常常会用到一些特殊字符，如图 2-8 所示的钢筋等级符号 Φ、Φ、Φ、Φ 等。其中 I 级钢筋符号可通过上述插入特殊字符方法直接创建，而 II、III、IV 级钢筋符号，则需要下载钢筋符号的专用字体 tssdeng. shx 字体才能完成创建。此外，用户还可以通过建立形文件，进而编译成 .shx 文件的方式，来创建如钢筋符号等特殊字体。

| I 级钢筋 | Φ |
| --- | --- |
| II 级钢筋 | Φ |
| III 级钢筋 | Φ |
| IV 级钢筋 | Φ |

图 2-8  钢筋等级符号

[操作练习]

1. 创建文字样式 WZ1，要求：仿宋字体、字高为 3.5，宽度因子为 1，直体文字。

2. 创建文字样式 WZ2，要求：simplex. shx 字体、大字体为 HZTXT、字高为 3，宽度因子为 0.7，倾斜角度为 15°。

## 任务 2.1.2 尺寸样式及其子样式设置

在工程图中，尺寸用以表达建筑构件的形状及其大小，是工程施工的重要依据。一个完整的尺寸一般由尺寸界线、尺寸线、尺寸起止符号和尺寸数字组成。在绘制工程图时，通过设置尺寸各组成部分的样式，建立尺寸标注的父样式及其子样式，使其在标注线性长度、径向尺寸、角度等尺寸时能够自动切换，选择符合国家制图相关规范的样式进行标注。

[任务描述]

根据图 2-9 创建一种尺寸标注样式，父样式命名为"BZ20"，同时设置角度、半径、直径 3 个子样式。要求在模型空间 1∶1 的比例绘制和进行尺寸标注，后期的图纸打印出图比例为 1∶20，打印输出的标注文字高度为 3mm。

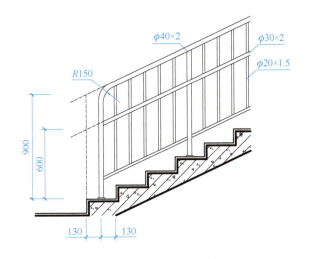

图 2-9　标注样式设置

[相关知识]

1. 掌握尺寸的组成要素及其要求，尤其在设置尺寸样式时，必须了解尺寸的各部分定义。

2. 熟悉《房屋建筑制图统一标准》GB/T 50001—2017 关于房屋建筑制图中尺寸标注要求。

3. 熟悉布局设置，详见单元 5。

[任务实现]

1. 设置标注文字样式"XW"，设置步骤如图 2-10 所示。

2. 执行 DIMSTYLE（D）命令，将打开"标注样式管理器"对话框，如图 2-11 所示。

3. 设置尺寸父样式 BZ20

（1）在"标注样式管理器"对话框中，单击 新建(N) 按钮 → "新样式名"对话框，输

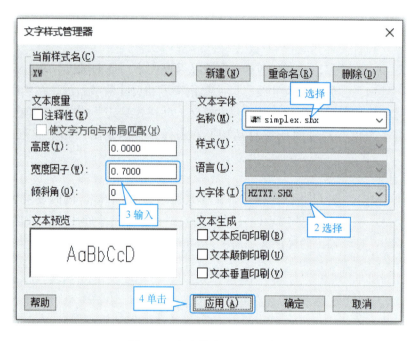

图 2-10　文字样式"XW"设置

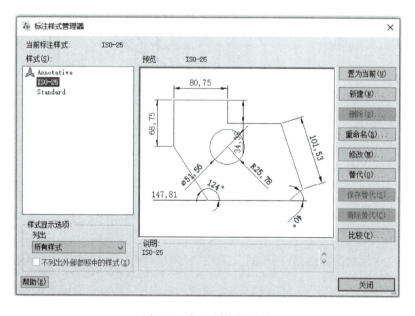

图 2-11　标注样式管理器

入样式名"BZ20"→单击 继续(C) 按钮→"新建标注样式：BZ20"对话框。

（2）单击"标注线"选项卡，修改基线间距为"8"，尺寸界线偏移原点为"2"，偏移尺寸线为"1.5"，勾选固定长度的尺寸界线，并设置长度为"8"，如图 2-12 所示。

（3）单击"符号和箭头"选项卡，修改"起始箭头"和"终止箭头"为"建筑标记"，箭头大小为"2"，如图 2-13 所示。

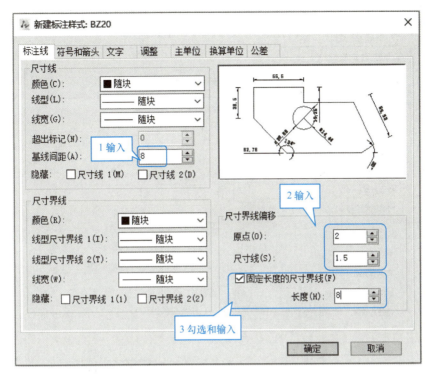

图 2-12 设置"标注线"选项卡

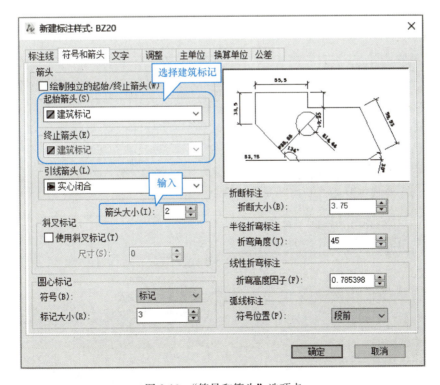

图 2-13 "符号和箭头"选项卡

（4）单击"文字"选项卡，选择文字样式"XW"，并将文字高度设为"3"，文字颜色设为白色，文字垂直偏移修改为"1"，如图 2-14 所示。

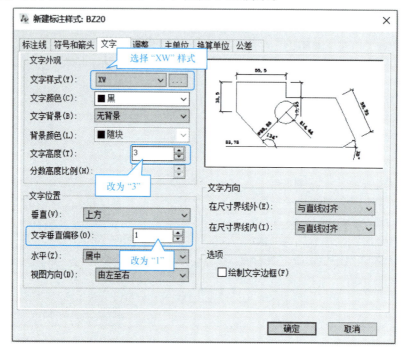

图 2-14　设置"文字"选项卡

（5）对"调整"选项卡的设置如图 2-15 所示。

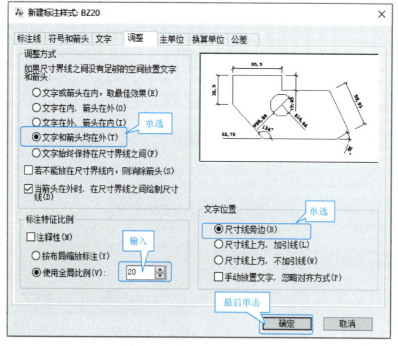

图 2-15　设置"调整"选项卡

**4. 创建"半径标注"子样式**

继续单击"标注样式管理器"对话框中的 新建(N)... 按钮→"新建标注样式"对话框→在"用于"的下拉列表框中，选择"半径标注"→单击 继续(C) 按钮→再次打开"新建标注样式"对话框。

在"符号和箭头"选项卡，选择终止箭头为"实心闭合"，如图 2-16 所示；在"文字"选项卡的"文字方向"区，将"在尺寸界线外"设置为"水平"。

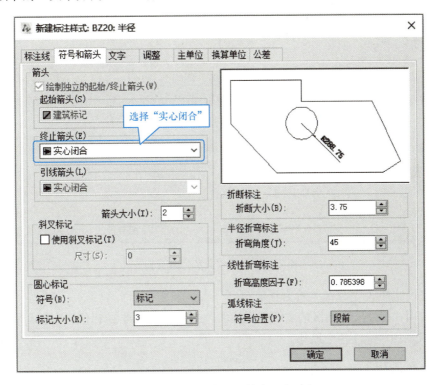

图 2-16　设置"符号和箭头"选项卡

**5. 创建"直径标注"子样式**

各参数设置同"半径标注"子样式的设置。

**6. 创建"角度标注"子样式**

单击"标注样式管理器"对话框中的 新建(N)... 按钮→"新建标注样式"对话框→在"用于"的下拉列表框中，选择"角度标注"，然后单击 继续(C) 按钮→再次打开"新建标注样式"对话框。

在"符号和箭头"选项卡，选择起始箭头和终止箭头为"实心闭合"；在"文字"选项卡中，文字位置垂直选项设为"外部"，"文字方向"区均选择"水平"，如图 2-17所示。

**7. 绘制图形**

绘制图 2-9 所示图形，具体绘图方法见单元 3。

**8. 标注尺寸**

（1）选中"标注"功能选项卡。

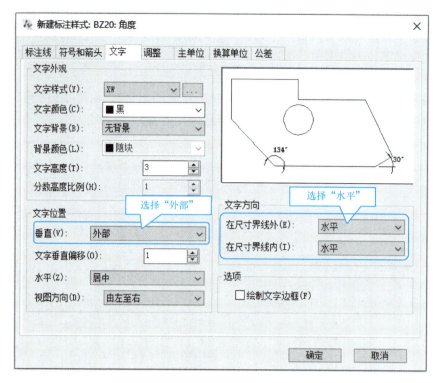

图 2-17　设置"文字"选项卡

（2）将尺寸样式"BZ20"置为当前。

（3）使用"标注"功能区的"线性标注""对齐标注""半径标注""连续标注"等工具按钮（图 2-18）标注各个尺寸。

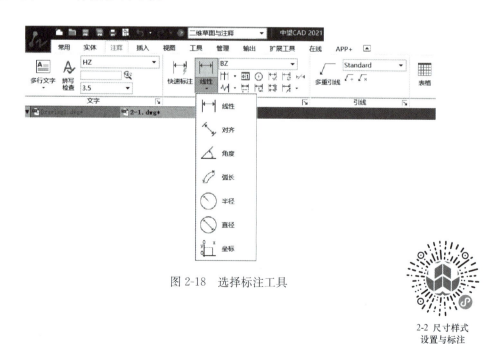

图 2-18　选择标注工具

2-2 尺寸样式
设置与标注

[技能提升]

1. 全局比例的设置

CAD 图形中尺寸标注中的数字、箭头绘制大小等于标注样式中各项值与"调整"选项卡中"全局比例"的乘积，出图比例若为 1∶10，则表示此图打印时为缩小 10 倍打印，标注在模型空间中注写时，若要求文字高度打印输出为 3，则标注样式中全局比例应设为 10。若标注在图纸空间中注写，因图纸空间所注写的标注是按 1∶1 打印出图，所以标注样式中全局比例应设为 1。

2. 快速标注的应用

快速标注功能可以在一个命令下对多个同样的尺寸（如直径、半径、基线、连续、坐标等）进行标注，各个尺寸的尺寸线平齐，此方法对于建筑图中的轴网标注最为常见。标注方法如下：点击"标注"选项卡中"快速标注"（QDIM）→以窗交方式选中某一方向的轴线端点，按照提示按下"空格"键完成选择→在合适位置放置标注即可完成。

[操作练习]

根据图 2-19 创建一种尺寸标注样式"BZ150"。此图要求在模型空间 1∶1 的比例绘制，在模型空间进行标注，打印出图比例为 1∶150，打印输出时文字高度为 3mm。

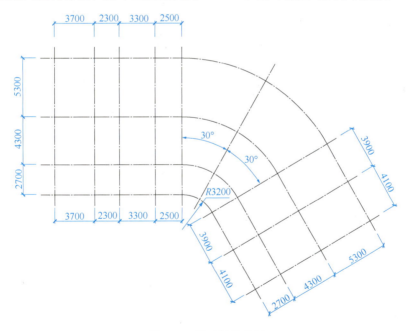

图 2-19　尺寸标注练习

## 任务 2.1.3　多线的设置与应用

多线是由多条平行线束组成的复合对象，可以用于绘制建筑中墙体和窗户、市政中道路和管线等。在使用多线命令之前，首先定义合适的多线样式。

多线在中望 CAD 中是一类特殊的对象，所以要采用专门的多线编辑命令。在中望 CAD 2021 教育版中，可以用修剪命令对多线进行修剪操作。

[任务描述]

根据图 2-20 所示的平面图，建立三种多线样式并绘制此图。要求墙体和窗必须使用多线绘制和编辑，不得分解多线，无需标注尺寸。

三种多线样式针对三种绘图对象，其具体要求是：

1. 370 窗：中心线居中，由四根间距相等的平行直线组成。

2. 370 外墙：中心线距离上边线 0.676，距离下边线 0.324，两端直线封口。

3. 240 内墙：中心线居中，两端直线封口。

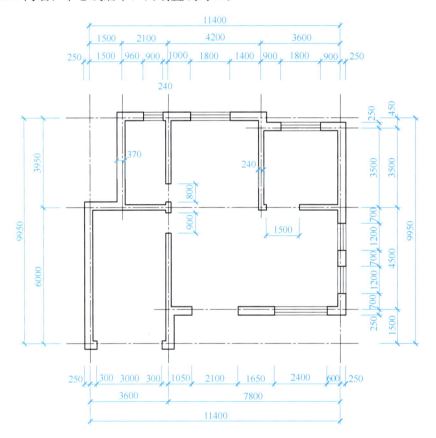

图 2-20　平面图墙体、窗的绘制

[相关知识]

多线样式的设置方法；对多线命令 MLINE 的正确使用；掌握多线编辑工具。

[技能要点]

1. 可以通过多线样式设置功能设置图元相对于中心线的距离、各自的颜色、线型。

2. 可以对多线本身设置端点的开合状态、填充与否以及是否显示拐角处的连接线。

3. 关键命令有：MLSTYLE、MLINE、MLEDIT。

[任务实现]

1. 设置"370 窗"多线样式

（1）新建多线样式名

执行 MLSTYLE 命令→打开"多线样式"对话框→单击 添加(N)... 按钮→打开如图 2-21 所示的"创建新多线样式"对话框，输入新样式名称"370 窗"。

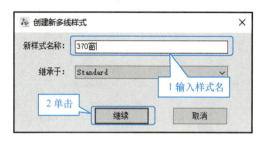

图 2-21　新建多线样式名"370 窗"

（2）设置参数

单击 继续 按钮→打开"新建多线样式：370 窗"对话框→单击"元素"区的 添加(A) 按钮→修改偏移为"0.167"，重复单击 添加(A) 按钮，修改偏移为"－0.167"，步骤如图 2-22 所示。设置完成后单击对话框中的 确定 按钮，同时中望 CAD 返回"多线样式"对话框，并在"样式"名列表框中显示出新建的多线样式名。

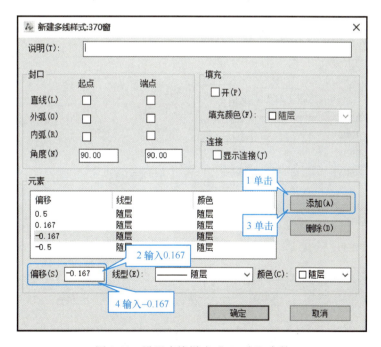

图 2-22　设置多线样式"370 窗"参数

2. 同法设置"370 外墙"多线样式

对"370 外墙"多线样式参数的具体设置参数如图 2-23 所示。

3. 继续同法设置"240 内墙"多线样式

对"240 内墙"多线样式参数的具体设置参数如图 2-24 所示。

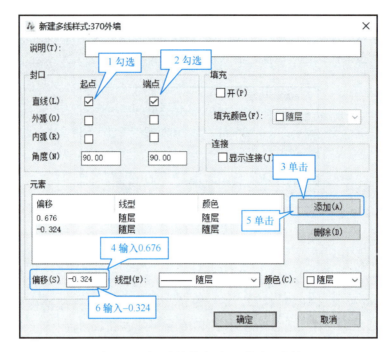

图 2-23　设置多线样式"370 外墙"参数

图 2-24　设置多线样式"240 内墙"参数

4. 绘制图形

（1）设置图限：大小为 42000×29700，并将图形界限全屏显示。

（2）开设图层：分别设置四个图层：轴线、墙体、窗和标注，如图 2-25 所示。

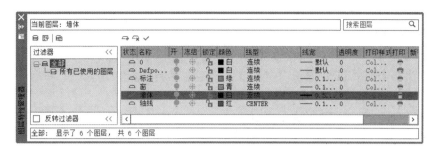

图 2-25　图层设置

5. 在"轴线"图层上绘制轴网

绘图目标如图 2-26 所示的单点长画线。

6. 绘制外墙

（1）将墙体图层置为当前图层。

（2）将多线样式"370 外墙"置为当前。

（3）MLINE（ML）命令中将对正方式设为"无（Z）"，比例（S）设为"370"。

（4）使用 MLINE（ML）命令绘制 370 宽外墙，如图 2-27 所示的粗实线。

7. 绘制内墙

（1）将多线样式"240 内墙"置为当前。

（2）MLINE（ML）命令中将对正方式设为"无（Z）"，比例（S）设为"240"。

（3）使用 MLINE（ML）命令绘制 240 宽内墙，绘图结果如图 2-28 所示。

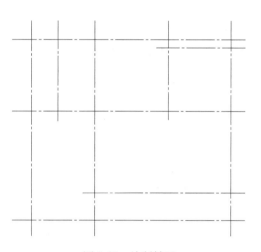

图 2-26　绘制轴网

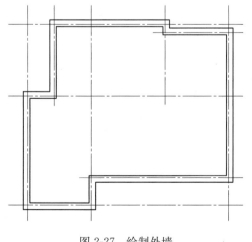

图 2-27　绘制外墙

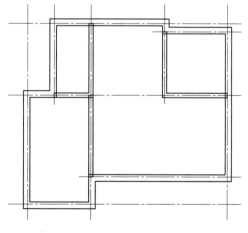

图 2-28　绘制内墙

8. 用 MLEDIT 命令编辑多线

双击多线弹出"多线编辑工具"对话框，选择其中的"T 形打开"工具，选择两多线，完成多线编辑后如图 2-29 所示。

9. 开外墙、内墙的门窗洞

（1）使用 OFFSET（O）偏移轴线定出门窗洞位置。

（2）使用 TRIM（TR）修剪门窗洞口，绘图结果如图 2-30 所示。

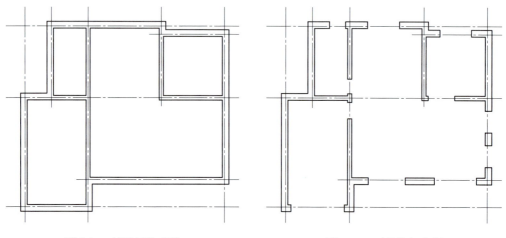

图 2-29　编辑墙体多线　　　　　　　图 2-30　开墙体门窗洞

10. 绘制外墙窗户

（1）将窗图层置为当前图层。

（2）将多线样式"370 窗"置为当前。

（3）MLINE（ML）命令中将对正方式设为"上（T）"，比例（S）设为"370"。

（4）使用 MLINE（ML）命令绘制 370 宽窗，绘图结果如图 2-31 所示。

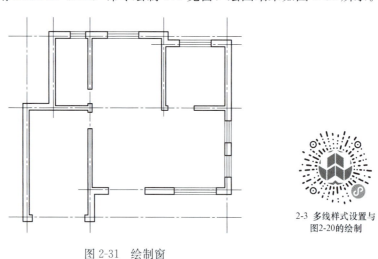

2-3　多线样式设置与
图 2-20 的绘制

图 2-31　绘制窗

［技能提升］

1. 对于偏心墙体的绘制应注意顺时针和逆时针的区别。

2. 选项比例（S）设置多线的比例因子，该比例因子与多线样式中定义的总宽度的乘积即为当前绘制的多线宽度。若多线的最外两直线元素的距离为 1，比例为 0，则只画一条直线。若要绘制 240 墙体，则比例应设为 240。选项对正（J）设置基准线的对齐方式，以三个子选项上（T）、无（Z）、下（B）来设置。

3. 多线的编辑工具包括 12 种，如图 2-32 所示。进行多线编辑时，有些工具应注意选择多线的次序。

图 2-32　多线编辑工具

4. 修剪命令能够对多线进行修剪，方便了对多线的编辑。多线也可以被 EX-PLODE 命令分解，分解后的多线成为直线、圆弧，实心填充将会消失，单直线和多段线不能被转化为多线。因此，在画图时，先用多线画基本的轮廓，再用多线编辑，不能编辑的部分，可以将多线进行分解，再用一般的编辑命令进行细节上的修改。

[操作练习]

按要求设置多线样式"370"：宽 370，由三根平行线组成，中部一根为红色中心线，上部、下部均为连续线，分别距中心线为 0.7、0.3，两端为直线封口。

## 任务 2.1.4　表格的设置与应用

表格所提供的信息简洁清晰，在建筑图样中会根据实际需要绘制各种各样的表格，常见的表格有图纸目录、门窗明细表、材料汇总表等。中望 CAD 为用户提供了表格功能，其操作方式贴近 EXCEL 中表格的编辑方式，能够使用户的操作更方便快捷，有效地减少工作量，提高设计效率。

[任务描述]

绘制如图 2-33 所示表格。

图 2-33　图纸目录

**［相关知识］**

表格的组成、表格样式要求、文字格式要求。

**［技能要点］**

1. 表格样式设置。

2. 表格的插入。

3. 关键命令有：TABLESTYLE、TABLE。

**［任务实现］**

1. 设置文字样式"FS"

2. 设置表格样式

（1）执行"TABLESTYL"命令→打开"表格样式"对话框中单击 新建(N)... 按钮→"新样式名"文本框输入样式名"GB"→单击 继续 按钮→弹出"新建表格样式：GB"对话框如图 2-34 所示。

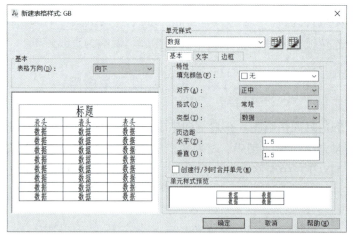

图 2-34　表格样式

（2）设置标题文字样式，如图 2-35 所示。

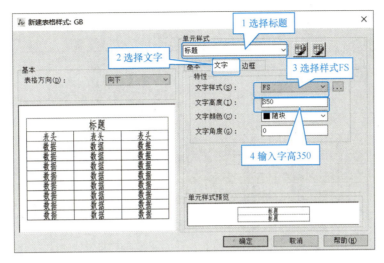

图 2-35　标题文字设置

（3）设置标题边框样式，如图 2-36 所示。

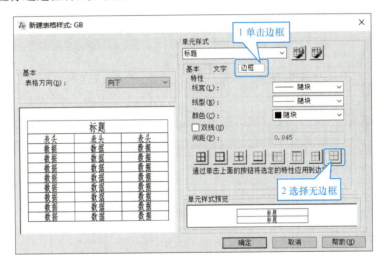

图 2-36　标题边框设置

（4）设置表头和数据文字样式

步骤同标题文字设置，文字高设为 300，"基本"中选择对齐方式为"正中"。

（5）单击"确定"，完成表格样式设置。

3. 插入表格

执行 TABLE 命令→打开"插入表格"对话框，进行设置→点击确定按钮后确定表格位置→输入标题"图纸目录"，如图 2-37 所示。

4. 编辑表格

单击任一表格对象单元，系统会自动弹出编辑用的"表格"工具栏，如图 2-38 所示。

对单元格的编辑主要有以下几种情形：

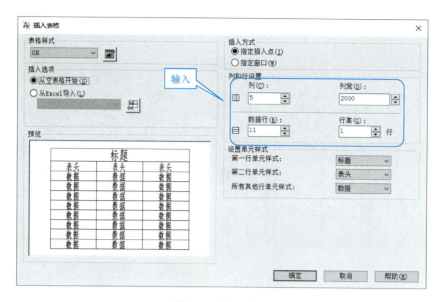

图 2-37　插入表格

图 2-38　单元格编辑工具

（1）对行的编辑。在当前选中位置的上、下插入行和删除当前选中行。

（2）对列的编辑。在当前选中位置的左、右插列和删除当前选中列。

（3）合并单元。选择多个单元后进行点击按钮 合并，或选择多个单元后右击合并，将选定的单元合并到一起，也可取消合并。

（4）修改行、列宽。可选中所要修改大小的行、列后点击右键选择"特性"，如图 2-39 所示。

（5）单元样式控制。可对单元进行匹配单元、对单元内容指定对齐方式、背景填充颜色、单元的边界特性、锁定或解锁单元等控制。

（6）计算公式。中望 CAD 可使用表格公式功能，对表格内数据做类似 EXCEL 的运

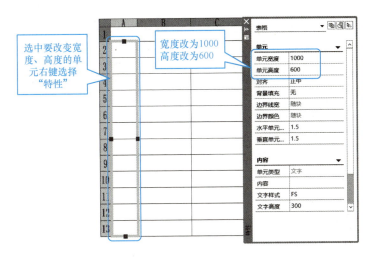

图 2-39 单元特性设置

算，如求和、求平均、计数等，如图 2-40 所示。这个功能能让用户在中望 CAD 中也能轻松创建数据表格。

图 2-40 表格公式功能

按任务要求修改单元格宽度和高度，表格编辑完成后如图 2-41 所示。

图 2-41 调整表格

5. 输入文字

完成样式设置后双击单元，系统打开在位文字编辑工具，如图 2-42 所示，选择文字样式 FS，输入文字填写，填写完毕后可使用键盘上的方向键快速切换单元。

图 2-42　输入文字

[技能提升]

1. 插入 EXCEL 表格功能

在利用 CAD 绘图时，往往需要插入材料明细表、工程做法表等各种表格，有些表格很复杂，如果在 CAD 里直接编辑，会感觉很麻烦，且效率很低。如果这些表格在 EXCEL 中编辑好，再插入到 CAD 中，会极大地提高工作效率。

（1）编辑 EXCEL 表格数据，如图 2-43 所示。

| | A | B | C | D | E | F |
|---|---|---|---|---|---|---|
| 1 | 分类 | 编号 | 名称 | 厚度 | 工程做法 | 使用部位及备注 |
| 2 | 内墙面 | 内墙面1 | 涂料墙面 | 17 | 刷白色涂料(暂不施工，由用户二次装修自理) | 除卫生间、洗手间以外墙面 |
| 3 | | | | | 5厚1:0.3:3水泥石灰砂浆粉面 | |
| 4 | | | | | 12厚1:1:6水泥石灰砂浆打底 | |
| 5 | | | | | 界面处理剂一道 | |
| 6 | | 内墙面2 | 面砖墙面 | 25 | 5厚墙面砖白水泥浆擦缝 | 卫生间内墙面，镶贴高度2700 |
| 7 | | | | | 2厚建筑陶瓷胶粘剂 | |
| 8 | | | | | 6厚1:2.5水泥砂浆压实搓毛 | |
| 9 | | | | | 12厚1:3水泥砂浆打底扫毛 | |
| 10 | | | | | 刷界面剂一道 | |
| 11 | | 内墙面3 | | | | |
| 12 | | | | | | |

图 2-43　编辑 EXCEL 表格数据

（2）插入 EXCEL 表格数据

单击"工具"选项卡→"数据链接"→"数据链接管理器"→单击"创建新的 EX-CEL 数据链接"→在"输入数据链接名称"中输入链接名称，如"工程做法表"，如图 2-44所示。单击"确定"按钮。

图 2-44　输入数据链接名称

在弹出的"新建 EXCEL 数据链接：工程做法表"对话框中，单击▒▒按钮。选择需插入的 EXCEL 表格所在路径，可勾选预览，查看插入表格的预览图，如图 2-45 所示，单击"确定"按钮。

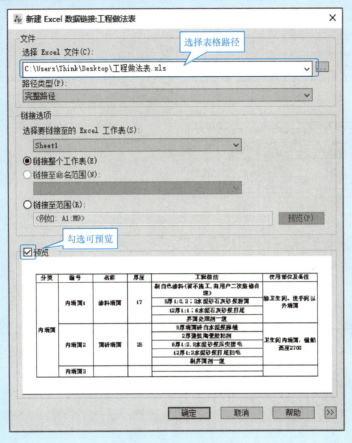

图 2-45  选择表格路径

在"数据链接管理器"对话框中，选择新建的"工程做法表"链接，如图 2-46 所示，单击"确定"按钮。

单击"绘图"选项卡下"表格"（TABLE），在"插入表格"对话框中"从数据链接导入"位置选择"工程做法表"，如图 2-47 所示，单击"确定"按钮，选择合适位置插入表格，EXCEL 表格插入成功。

（3）更新 EXCEL 表格数据

当对 EXCEL 表格的内容进行修改更新时，CAD 中的表格内容也会随之修改更新。方法如下：在 EXCEL 表格中修改更新"内墙面 3"相关

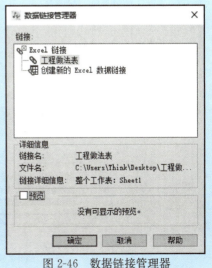

图 2-46  数据链接管理器

53

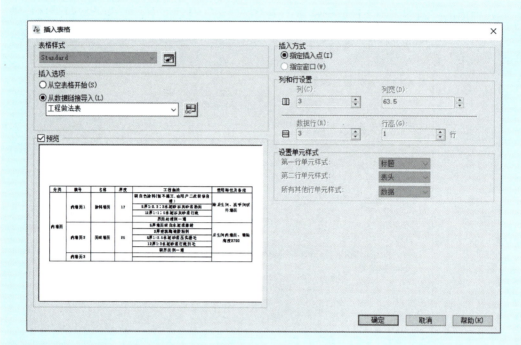

图 2-47　插入表格

内容并保存文件，如图 2-48 所示。在 CAD 界面右下角状态栏位置提示"数据链接已经被修改"，单击"使用数据链接更新表格：工程做法表"，如图 2-49 所示，命令栏中提示"已找到 1 个对象""1 个对象更新成功"，此时 CAD 中链接的 EXCEL 表格会自动更新。

| | A | B | C | D | E | F |
|---|---|---|---|---|---|---|
| 1 | 分类 | 编号 | 名称 | 厚度 | 工程做法 | 使用部位及备注 |
| 2 | | | | | 刷白色涂料(暂不施工，由用户二次装修自理) | |
| 3 | | 内墙面1 | 涂料墙面 | 17 | 5厚1:0.3:3水泥砂灰砂浆粉面 | 除卫生间、洗手间 |
| 4 | | | | | 12厚1:1:6水泥石灰砂浆打底 | 以外墙面 |
| 5 | | | | | 界面处理剂一道 | |
| 6 | | | | | 5厚墙面砖白水泥浆擦缝 | |
| 7 | | | | | 2厚建筑陶瓷胶粘剂 | |
| 8 | 内墙面 | 内墙面2 | 面砖墙面 | 25 | 6厚1:2.5水泥砂浆压实搓毛 | 卫生间内墙面，镶 |
| 9 | | | | | 12厚1:3水泥砂浆打底扫毛 | 贴高度2700 |
| 10 | | | | | 刷界面剂一道 | |
| 11 | | 内墙面3 | 水泥砂浆墙面 | 12 | 12厚1:1:6水泥石灰砂浆打底 | 电缆井、电梯竖井 |
| 12 | | | | | 刷界面剂一道 | 内壁 |

图 2-48　更新 EXCEL 表格

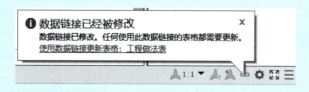

图 2-49　数据链接更新提醒

2. 标题、表头、数据的分布方式（图 2-50）

表格边框的线宽可以在"表格样式"对话框中进行设置，不仅可以对标题、表头、数据分别进行设置，也可对每一单元进行单独设置。

图 2-50 表格内容示例

3. 单元自动编号

如图 2-33 所示第一列为顺序序号，在填写完序号"1"之后，可以将鼠标放在该单元右下角夹点处，按住鼠标并向下拖动夹点至最后一行，可以实现连续编号的功能，快速完成 2～11 的数字编号。

2-4 表格样式与EXCEL表格数据链接

[操作练习]

按要求设置表格样式，绘制如图 2-51 所示的表格，并在"合计"列使用求和公式计算。

| 类别 | 编号 | 洞口尺寸 | | 数量 | | | | | 备注 |
|---|---|---|---|---|---|---|---|---|---|
| | | 宽 | 高 | 地下一层 | 一层 | 二层 | 三层 | 合计 | |
| 门 | FM甲1 | 900 | 2100 | 1 | | | | 1 | |
| | FM甲2 | 1200 | 2100 | 1 | | | | 1 | |
| | FM乙1 | 900 | 2100 | 4 | 2 | 2 | 2 | 10 | |
| | FM乙2 | 1400 | 2100 | | 2 | | | 2 | |
| | FM乙3 | 1000 | 2100 | | 1 | | | 1 | |
| | M1 | 900 | 2100 | | 18 | 16 | 16 | 50 | |
| | M2 | 800 | 2100 | | 4 | 4 | 4 | 12 | |
| | TLM1 | 2100 | 2450 | | 2 | 1 | 1 | 4 | |
| | TLM2 | 2400 | 2450 | | 2 | | | 2 | |
| 窗 | C1 | 1500 | 1550 | | 38 | 30 | 30 | 98 | |
| | C2 | 1000 | 1550 | | 21 | 18 | 18 | 57 | |
| | C3 | 800 | 1550 | | 6 | 4 | 4 | 14 | |
| | C4 | 1000 | 1850 | | 8 | 6 | 6 | 20 | |
| | C5 | 2400 | 1850 | | 2 | 2 | 2 | 6 | |

门窗明细表

图 2-51 表格练习

# 项目 2.2　几　何　作　图

　　所有复杂图形均由最基本的几何元素所构成，各基本元素之间通过几何关系成为一个复杂图形。对于几何关系复杂的图形，用仪器手工绘图是很麻烦的，甚至是无法绘出的。然而，利用 CAD 提供的多种绘图工具及其编辑工具可以实现具有复杂几何关系的图形绘制。本项目将通过几个几何图形的绘制使大家掌握常用 CAD 命令的使用方法，并能熟练运用一些几何理论知识对图形进行分析并绘制。

## 任务 2.2.1　几　何　连　接

　　在绘制几何图形时，常遇到用已知半径的圆弧光滑地连接相邻的两段直线或圆弧的情况，这种作图方法称为几何连接，这样的圆弧，称为连接圆弧。

[任务描述]

　　按尺寸要求绘制如图 2-52 所示，圆弧与直线、圆弧均相切。

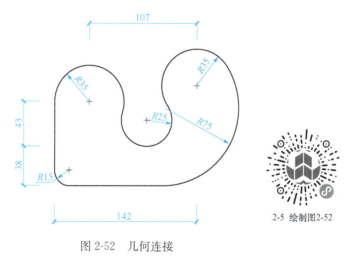

2-5　绘制图2-52

图 2-52　几何连接

[相关知识]

　　圆弧连接是绘制图形时用圆弧光滑地连接相邻两线段的方法。光滑连接，实质上就是圆弧与直线或圆弧与圆弧相切，其切点即为连接点。为保证光滑连接，必须准确地找出连接圆弧的圆心和切点。

[技能要点]

　　1. 几何分析：图形中间部分 $R25$ 圆弧与左右两侧的 $R35$ 圆弧外切；右侧 $R75$ 圆弧与 $R35$ 圆弧内切，并与下部直线相切；左侧 $R35$ 圆弧与竖线相切；$R15$ 圆弧与两直线相切。绘图的关键在于连接圆弧圆心的确定。

　　2. 关键命令有：CIRCLE(C)、OFFSET(O)。

[任务实现]

　　1. 根据已知条件先作出左侧 $R35$ 的圆及左侧、下部的直线段；再将两直线段分别向右和向上偏移 15，交于点 A 即为 $R15$ 的圆心，并作出此圆，如图 2-53(a) 所示。删除辅助线及修剪多余圆弧。

2. 以左侧 $R35$ 圆的圆心为圆心作半径为 60 的圆，作与 $R25$ 的圆相切的水平直线，并向上偏移 25，两者交点 B 即为 $R25$ 的圆心，作出 $R25$ 圆如图 2-53(b) 所示。修剪圆弧、删除辅助线。

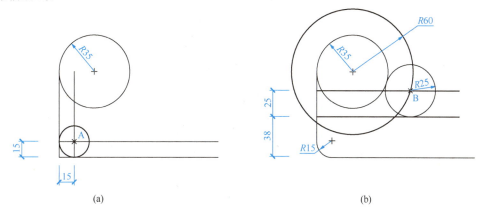

图 2-53　绘制 $R15$、$R25$ 圆弧

3. 以 $R25$ 圆的圆心为圆心作半径为 60 的圆，与右侧 $R35$ 圆的圆心所在直线相交，两者交于点 C 即为右侧 $R35$ 圆的圆心，作出右侧 $R35$ 圆如图 2-54(a) 所示。删除辅助线。

4. 以右侧 $R35$ 圆的圆心为圆心作半径为 40 的圆，将下部直线向上偏移 75，两者交于点 D 即为 $R75$ 圆的圆心，作出 $R75$ 圆如图 2-54(b) 所示。修剪圆弧、删除辅助线及多余的圆，完成任务。

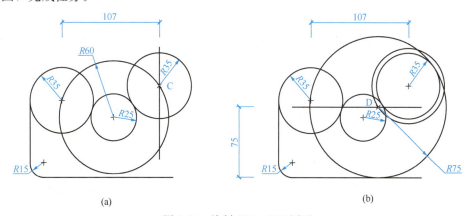

图 2-54　绘制 $R35$、$R75$ 圆弧

[技能提升]

1. 圆弧的几种连接：圆弧与两直线的连接、圆弧与直线、圆弧的连接、圆弧与两圆弧的连接（内切与外切）。作图的关键是求出连接圆弧的圆心。

2. 在进行画圆命令时，有切点、切点、半径命令可供使用，能够快速完成圆的绘制。

3. 直线与直线间进行圆弧连接时，可利用倒圆角 FILLET（F）命令，设置半径后能够快速完成圆弧连接。

[操作练习]

试绘制如图 2-55 所示的图形。

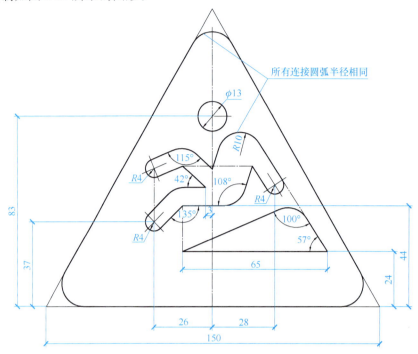

图 2-55　几何作图练习 1

## 任务 2.2.2　基于缩放命令实现几何关系

缩放命令用于按给定点的基点和缩放比例，沿 X、Y、Z 方向等比例缩放选定对象。

[任务描述]

按照图示尺寸绘制图 2-56。

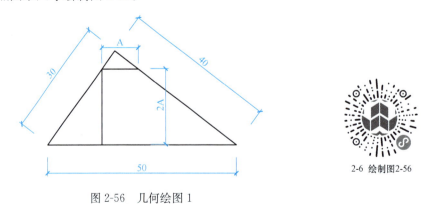

图 2-56　几何绘图 1

2-6　绘制图2-56

[相关知识]

1. 偏移命令有"通过"选项，该选项可以使偏移对象偏移至通过某一点。

2. 缩放命令，能实现缩放对象按比例缩放为指定长度。

[技能要点]

1. 几何分析：三角形可按尺寸直接绘出。三角形内部存在两互相垂直的直线，比例关系为 1∶2，三个端点分别在三角形的三条边上。

2. 关键命令有：SCALE(SC)、OFFSET(O)。

[任务实现]

1. 按任务要求作边长为 30、40、50 的三角形。

2. 在三角形内选定合适位置作两条互相垂直的直线，长度分别为 5 和 10，满足 1∶2 的比例，如图 2-57(a) 所示。

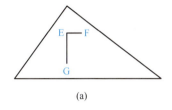 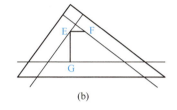 

(a)　　　　　　　　　　　(b)　　　　　　　　　　(c)

图 2-57　绘图步骤

3. 用 OFFSET(O) 命令，分别对三角形的各边进行偏移，偏移后的直线通过端点 E、F、G，如图 2-57(b) 所示。

4. 删除多余辅助线，得到图形如图 2-58(c) 所示。用 SCALE(SC) 命令选中图形后，利用参照选项，以三角形的底边端点为基点，指定参照长度设置为 50，完成任务。

[技能提升]

1. 缩放命令在选中基点以后，有参照长度功能，可以将图形按指定的长度进行缩放。

2. 缩放命令还有复制功能，能实现保留被缩放对象的目的。

[操作练习]

绘制如图 2-58 所示的图形，图中五边形为正五边形。

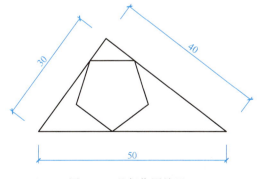

图 2-58　几何作图练习 2

## 任务 2.2.3　基于旋转命令实现几何关系

旋转命令是使选定对象绕指定基点旋转一指定角度或参照一对象进行旋转，旋转时基点不动。

[任务描述]

试按照图示尺寸绘制图 2-59。

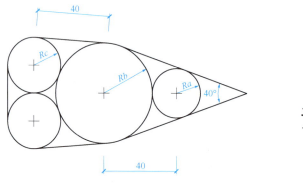

2-7  绘制图2-59

图 2-59  几何绘图 2

[相关知识]

1. 画圆的特殊方式：

（1）三点（3P）：过给定的三个点画圆。

（2）相切、相切、半径（T）：与两个对象相切、以给定的半径画圆。

（3）相切、相切、相切（A）：与三个对象都相切画圆。

2. 两圆的公切线随着两圆位置的变化，仅位置发生改变，长度保持不变。

3. 圆弧命令中的选项"角度"指的是圆心角，逆时针方向为正。

[技能要点]

1. 几何分析：两直线间夹角 40° 可直接绘出，圆 $Ra$ 与圆 $Rb$ 及两直线均相切。

2. 关键命令有：ROTATE(RO)、SCALE(SC)。

[任务实现]

1. 绘制两直线，夹角为 40°。

2. 以相切、相切、半径的画圆方法，画出半径为 10 的圆；菜单栏中点击绘图→圆→相切、相切、相切（A），依次点击两直线及圆 $R10$，绘出图形如图 2-60(a) 所示。

3. 以左侧圆的圆心为基点，利用缩放命令，将两圆心距缩放为指定长度 40，删除多

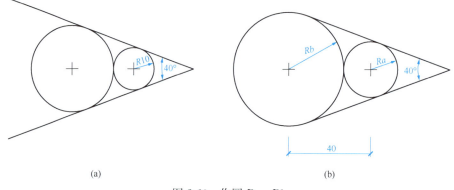

(a)                                           (b)

图 2-60  作圆 $Ra$、$Rb$

**60**

余直线，完成后如图 2-60(b) 所示。

4. 过圆 $Rb$ 上部的象限点向左画长度 40 的直线，并向下作其垂线，如图 2-61(a) 所示；以三点画圆的方法，经过点 A、圆 $Rb$ 的切点（TAN）和垂直于竖线的点 C（PER）作圆，得到圆 $Rc$；以圆 $Rb$ 的圆心出发作直线 H 与圆 $Rc$ 相切，如图 2-61(b) 所示。

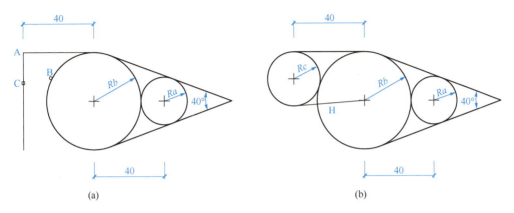

图 2-61    作圆 $Rc$

5. 利用旋转命令，以圆 $Rb$ 的圆心为基点，将直线 H、圆 $Rc$ 及其与 $Rb$ 的公切线旋转，参照角度选择直线 H，将直线 H 旋转至水平，得到圆 $Rc$ 的位置，如图 2-62 所示。利用镜像命令绘制下部的圆 $Rc$，删除多余辅助线，完成任务。

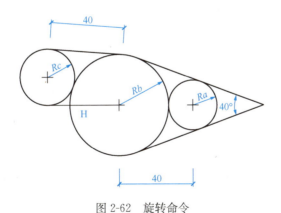

图 2-62    旋转命令

[技能提升]

在进行三点画圆时，选择切点 B 时可在命令栏输入"TAN"可捕捉到切点，选择垂直点 C 时可在命令栏输入"PER"，即可捕捉到垂足。同样，在画直线 H 时，在命令栏输入"TAN"可捕捉到圆 $Rc$ 的切点。

[操作练习]

绘制如图 2-63 所示的图形。

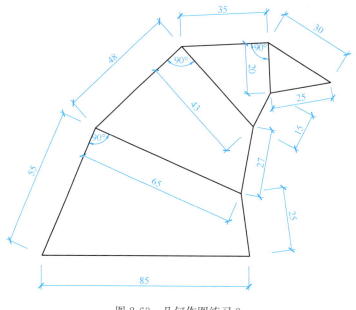

图 2-63　几何作图练习 3

## 任务 2.2.4　绘图实现复杂几何关系

中望 CAD 提供的多种绘图工具及其编辑工具可以实现具有复杂几何关系的图形绘制。

[任务描述]

按尺寸要求绘制图 2-64。

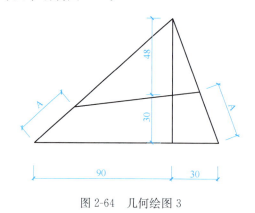

图 2-64　几何绘图 3

2-8　绘制图2-64

[相关知识]

1. 把点 $X$ 变为点 $X_1$ 的具有性质 $\overrightarrow{OX_1} = k\overrightarrow{OX}$（点 $O$ 和数 $k$ 是固定的）的平面变换叫做位似，点 $O$ 称为位似中心，而数 $k$ 叫做位似系数。

2. 两个图形如果在某个位似下，其中的一个变为另一个，则这两个图形称为位似图形。

3. 具有共同中心的位似与旋转的合成称作旋转位似。

4. 系数为 $K_1$，$K_2$（$K_1 K_2 \neq 1$）的两个位似的合成，是系数为 $K_1 K_2$ 的位似，并且它的中心在联结这两个位似中心的直线上。

5. 变线段 AB 为线段 CD 的旋转位似的中心是 $\triangle ACP$ 和 $\triangle BDP$ 的外接圆的交点，其中 P 是直线 AB 和 CD 的交点。

**[技能要点]**

1. 几何分析：三角形及其内部定点由已知条件即可绘出。经过此定点的直线在三角形的两条边上分割出等长度的线段。

2. 关键命令有：ALIGN（AL）、三点画圆。

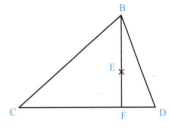

图 2-65　内部定点

**[任务实现]**

1. 按任务要求，作出三角形及其内部定点，并将关键点进行字母标记，如图 2-65 所示。

2. 在 CB 边和 DB 边上任取两点，长度关系满足 $CC_1 = DD_1$，如图 2-66（a）所示。

3. 分别过三点 B、C、D 和 B、$C_1$、$D_1$ 作出两圆，两圆的交点 P 就是旋转位似中心，如图 2-66（b）所示。此步骤得到一个重要的角：$\angle PC_1 D_1$。

4. 将 $\angle PC_1 D_1$ 对齐缩放 ALIGN（AL）到 PE 上，得 $\angle PEC_2$；过三点 P、E、$C_2$ 作圆交 BD 边于点 M，如图 2-66（c）所示。

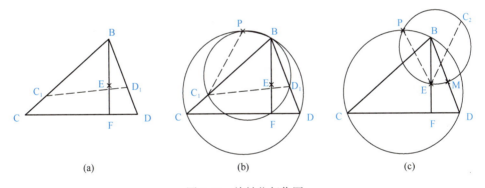

(a) (b) (c)

图 2-66　旋转位似作图

5. 连接 ME 并延伸到边 CB，得到交点 N，则 MN 即为所求。可通过在标注样式中修改标注精度，验证作图结果，如图 2-67 所示。

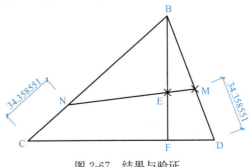

图 2-67　结果与验证

[技能提升]

1. ALIGN（AL）命令可进行对齐缩放功能。

2. 旋转位似变换作图，关键点在于找出位似中心，该方法是一种求解线段比例关系问题的好方法。

[操作练习]

绘制如图 2-68 所示的图形。

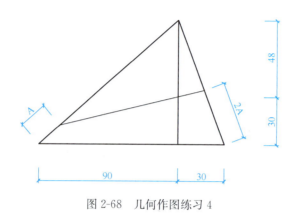

图 2-68　几何作图练习 4

# 项目 2.3　工程形体图样绘制

根据相关理论、标准和规定，准确地表达出工程对象的形状、大小和必要的技术要求的图就是工程图样，它是制造或建造、装配或组装、检验或验收的依据，是进行技术交流的载体。

图样的绘制和阅读是工程技术人员必须掌握的一种技能。本项目通过两个任务使大家掌握三面视图及半剖视图的绘制。

## 任务 2.3.1　绘制三面视图

三面视图就是用三个正投影视图（主视图、俯视图和左视图）表示物体形状及尺寸，是绘制工程图样的基础。三个视图之间必须满足投影关系，即主视图和俯视图长对正；主视图和左视图高平齐；俯视图和左视图宽相等。

三视图中所使用的线型有粗实线、细实线、点画线、虚线；所使用的文字为标注尺寸文字。另外，为了保证三面视图之间的投影关系（主要针对俯视图和左视图之间），需要用 45°的作图辅助线。

[任务描述]

绘制如图 2-69 所示形体的三视图。

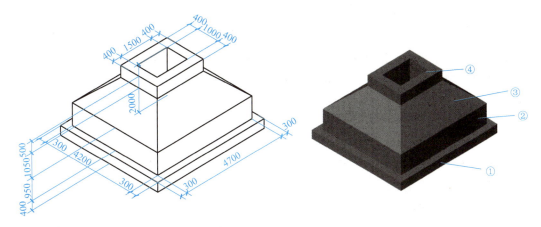

图 2-69　构建轴测图与形体分解

[相关知识]

三面投影图的形成原理，三面投影图的投影规律，形体投影图的基本画法，组合体正面投影图的投影方向确定，组合体的尺寸标注要求。

三面投影图必须遵守"长对正，高平齐，宽相等"的投影规律，也必须符合上下、左右、前后的方位关系，同时投影图中的虚线表示不可见投影，这样可以利用三面投影图准确地表示出空间物体的形状。

[技能要点]

1. 设置绘图环境或从样板文件新建文件

任何图形文件都需要设置图层、文字样式、标注样式、创建布局和打印输出等共性要求，若将这些绘图环境做成一个样板文件将给绘制新图省去很多时间。CAD模型空间绘图都采用实际大小尺寸绘图，正确的图形输出应在布局图纸空间中进行。通过布局的视口设置，能有效地组织图纸并打印输出。

2. 明确基准

基准是建筑物建造、测量验收的尺寸起点，可以从建筑物的几何特点上确定基准。常用的基准几何要素是：对称面、轴线、底面、背面和较大的平面。这些几何要素往往和设计基准、施工工艺基准一致。

3. 定位布置视图

确定三个视图的位置线，这些线就是基准在三个视图中的投影。

4. 形体分析，并按形体组合过程绘制三视图

任何复杂的物体都可以认为是由简单几何体通过叠加和挖切而成，形体分析就是明确该形体的组合过程，再按形体的组合过程逐个绘制其三个视图，并处理好形体间的交线投影。绘图时应遵循"先主要形体后次要形体，先宏观后局部，先叠加后挖切"的理念进行。

5. 标注尺寸

在清楚基准的基础之上，才能合理地标注尺寸。因此，标注尺寸时，首先要明白定形尺寸和定位尺寸；其次应按形体的组合方式各过程标注它们的定形尺寸；再次要做到清

晰、完整；最后尺寸标注必须符合国家标准。

6. 布局图纸

在样板文件中布局，根据对象形状结构复杂程度和尺度大小，选择图纸幅面，确定图纸绘图比例，填写标题栏。若无样板文件需自己设置布局。

[任务实现]

1. 规划和分析

（1）图形界限大小

根据立体的三维尺度大小，并考虑三视图的布局及标注尺寸所占面积空间，以1：100的比例绘图，所以采用 A3 图形界限。

（2）基准确定

该柱脚结构左右、前后对称，有底面和轮廓面，故选择这些面分别作为长、宽、高三个方向的基准。

（3）形体分析

该形体是叠加后进行挖切，可以认为由四个简单形体（图 2-69 的立体图）叠加后，再挖切而成。叠加过程是首先创建底板①，在其中心位置放置长方体②和四棱台③，顶部再增加长方体④。

2. 基本设置

建立"GB-A3"的图纸布局样板。在中望 CAD 2021 教育版的图形样板文件库中，没有我国标准的图幅样板文件，创建 GB 图纸布局样板文件是很有意义的，建立"GB-A3"的图纸布局样板的步骤详见单元 5。

3. 绘制叠加体视图

（1）将"中心线"图层置为当前层，用 PLINE 命令绘制三个视图的布局定位线，45°的投影关系线（转至"辅助线"图层），如图 2-70 所示。

（2）定出底板尺寸

用 OFFSET 命令定出底板的尺寸，偏移对象基线，如图 2-71 所示。

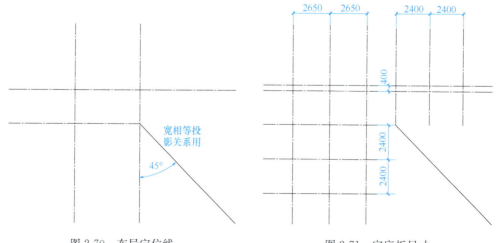

图 2-70　布局定位线　　　　　图 2-71　定底板尺寸

（3）绘制底板①

将"轮廓线"（粗实线）图层置为当前层，用矩形 RECTANG 命令绘制三个视图的三个矩形，如图 2-72（a）所示；用删除 ERASE 命令删除定位辅助线，如图 2-72（b）所示。

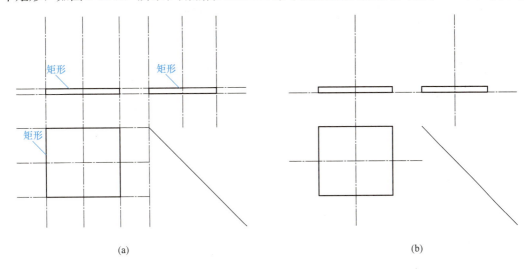

（a）　　　　　　　　　　　　　　　　（b）

图 2-72　底板的三视图

（a）绘制矩形及俯视图；（b）删除辅助线

（4）绘制长方体②

在图中读取尺寸，用偏移 OFFSET 命令进行定位，投影用 PLINE 命令绘制，如图 2-73（a）所示；删除多余点画线，如图 2-73（b）所示。

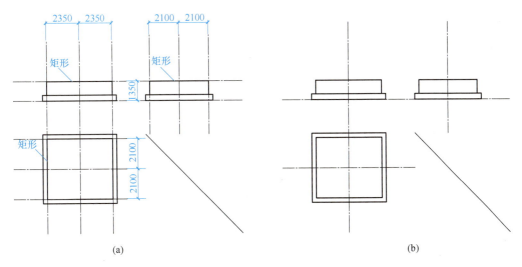

（a）　　　　　　　　　　　　　　　　（b）

图 2-73　绘制形体②

（a）多段线绘制；（b）修剪和删除

（5）绘制四棱台③和顶部长方体④

绘制思路同前，绘出四棱台③和长方体④的三面投影，如图 2-74（a）所示；修剪多余辅助线，完成后如图 2-74（b）所示。

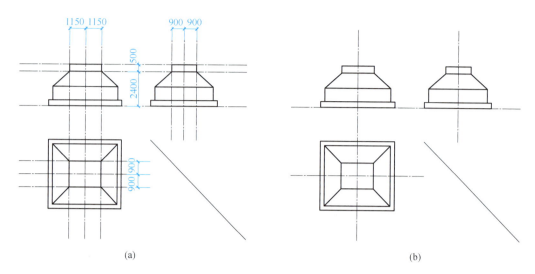

(a)                                                                (b)

图 2-74　绘制形体③和④

（a）作辅助线及绘制投影；（b）绘制修剪投影

### 4. 绘制挖切体视图

挖切体为长方体，贯穿形体③和④，到达形体②的中部位置。偏移定位辅助线，绘制俯视图及主视图，利用 45°线绘制左视图，并将不可见的投影转移至"虚线"图层，结果如图 2-75 所示。

### 5. 规整图形

《机械工程 CAD 制图规则》GB/T 14665—2012 要求，点画线超出图形 2～5mm，拉长命令 LENGTHEN 在此处是最佳的应用。首先以图形为边界，修剪各点画线，如果点画线长度不够，使用 EXTENDS 命令，然后再使用拉长命令 LENGTHEN 的"增量"选项。本图比例为 1∶100，因此"增量"选项设为 300mm，连续拉长各点画线，最终的三视图如图 2-76 所示。

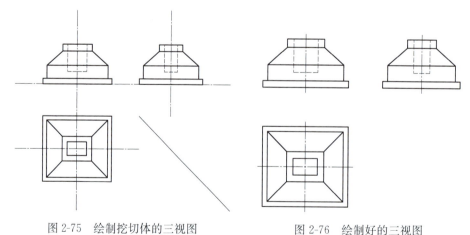

图 2-75　绘制挖切体的三视图　　　　　　图 2-76　绘制好的三视图

### 6. 标注尺寸

将"尺寸"图层置为当前层，用创建的标注样式对视图进行标注，标注结果如图 2-77 所示。

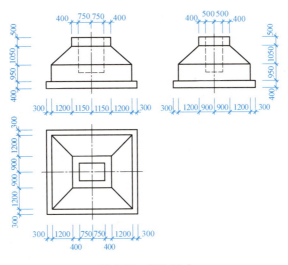

图 2-77　标注尺寸

[技能提升]

三视图中三个视图之间的关系是密不可分的，三个视图应当同时进行绘制，每次形体的变化应及时在三个视图中反映出来。若三个视图分别进行绘制，则会造成重复思维、浪费大量时间。

[操作练习]

绘制如图 2-78 形体的三视图。

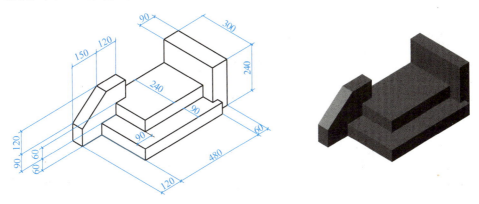

图 2-78　三视图练习

## 任务 2.3.2　绘 制 剖 面 图

用视图表达构件时，构件的内部结构和被遮盖的外部投影用虚线表示。当形状复杂时，视图上的虚线就很多。这些虚线和其他线条交错重叠，从而影响视图的清晰，不利于看图和标注尺寸。为了完整、清晰地表达构件的内、外结构形状，可采用恰当的剖面图法。

[任务描述]

绘制如图 2-79 所示形体的剖面图。

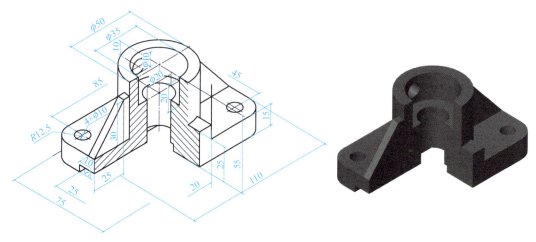

图 2-79　绘制剖面图形体

**[相关知识]**

1. 为了清晰地表达构件的内部结构，假想用一个剖切平面剖开构件，将处于观察者和剖切平面间的部分移去，而将其余部分向投影面投影，并画上剖面符号，这样所得的图形称为剖面图。

2. 当构件具有对称平面时，在垂直于对称平面的投影面上投影所得的图形，可以对称中心线为界，一半画视图，另一半画成剖面图，这样的剖面图称为半剖面图。通常左右对称的视图，剖面图画在右侧；上下对称的视图，剖面图画在下面。

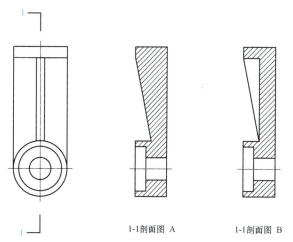

1-1剖面图 A　　　　1-1剖面图 B

图 2-80　肋板件剖面图画法比较

3. 当构件不对称，也有内、外形需要表示，对于这种形状特征的构件不宜采用全剖面图或半剖面图表达时，应采用局部剖面图表达。

4. 除了按剖面图的定义严格作图外，《技术制图　简化表示法　第 1 部分：图样画法》GB/T 16675.1—2012 也有简化画法和规定画法。例如，用来加固的辐板或肋板不遵循剖面图的基本规则，在图 2-80 中，"1-1 剖面图 A"是按照剖面图规则绘制的，在这个剖面图中底板和肋板都填充了剖面线，不能表达出底板的厚度，因此，制图标准规定，肋板作不剖处理，即不填充剖面线，如"1-1 剖面图 B"。可以看出，在肋板上不填充剖面线后，突出了主体结构的表达。

**[技能要点]**

1. 剖切是一种假想，其他投影图仍应完整画出。

2. 图形左右对称，可以对称中心线（点画线）为界，一半画成剖面图，另一半画成外形。在外形视图上与剖面图对称的虚线省略不画，剖切平面后方的可见部分要全部画出。对于形状特征不对称的构件，又无外形表达时则画成全剖面图。

3. 选择剖切平面的原则：尽量通过形体上的孔、洞、槽等隐蔽结构的中心线或对称面且平行于基本投影面，以将内部结构表示清楚且使断面的投影反映实形。

4.《房屋建筑制图统一标准》GB/T 50001—2017 对剖切符号的规定：剖切符号由剖切位置线（4~6mm）组成，均为粗实线，两者互相垂直，符号不应与其他图线相交。局部剖面图的分层位置应用波浪线隔开，波浪线不应与其他图线重合。

[任务实现]

1. 分析形体，确定剖切平面位置

该形体的三视图如图 2-81 所示，其俯视图能反映形体各部件的平面位置，且虚线相对于主视图和左视图较少，故可作为基准视图进行剖切平面的选择。再根据剖切平面的选择原则，确定剖切位置，并绘制剖切符号，如图 2-82 所示。

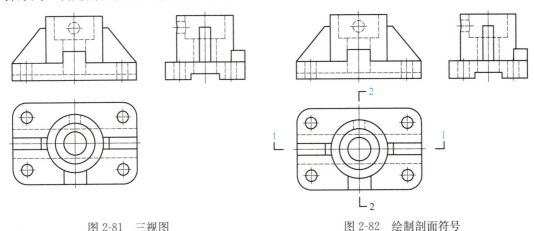

图 2-81    三视图                        图 2-82    绘制剖面符号

2. 绘制 1-1 剖面图

该形体正面投影左右对称，又有外形需表达，因此 1-1 剖面可画成半剖面图。绘制左边的投影部分时，可参考三视图，保留所看到的投影线，看不到的一般无需绘制虚线，如图 2-83 所示。

绘制右边的剖面图时，先绘制出剖切到的截面轮廓线，并用 45° 阴影斜线进行填充；其次，剖开后所看到的未剖切到部位应绘制投影，看不到的无需绘制隐藏部位。但要注意的是，梯形薄板属于加固的肋板结构，虽然在剖切范围，按标准规定，作不剖处理，绘制结果如图 2-84 所示。

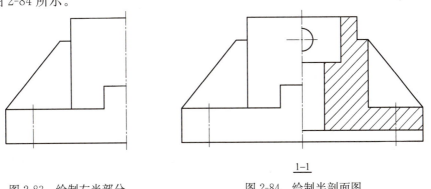

1-1

图 2-83    绘制左半部分              图 2-84    绘制半剖面图

然而，图 2-84 视图无法表达底板上的开孔形状及位置，存在不足。因此，在半剖面图的基础上，另在底板开孔处绘制局部剖视图，以波浪线隔开剖切范围，来完善 1-1 剖面图，最终绘制结果如图 2-85 所示。

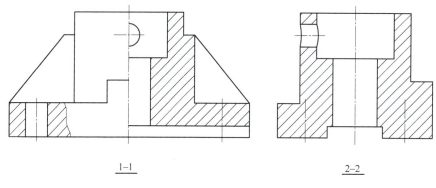

1–1

图 2-85　1-1 剖面图绘制结果

2–2

图 2-86　2-2 剖面图绘制结果

**3. 绘制 2-2 剖面图**

该形体前后不对称，因此 2-2 剖面图应画成全剖面图，绘制方法同上，结果如图 2-86 所示。

**4. 完善图形及标注尺寸**

在俯视图中，中间部分圆形线条较多，造成识读困难。为更好地表达形体，应将圆环穿孔位置画成局部剖面图，并隐去虚线，剖切界限用波浪线分隔。最后进行尺寸标注，绘制完成后如图 2-87 所示。

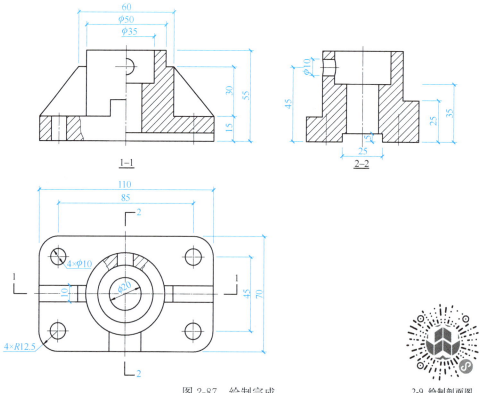

图 2-87　绘制完成

2-9　绘制剖面图

72

[技能提升]

1. 局部剖面图是一种较灵活的表达方法，剖切的部分表达构件的内部结构，不剖的部分表达构件的外部形状。其剖切范围用波浪线分界，波浪线应画在实体上，不能超出实体轮廓线，不能与图样上其他图线重合，也不能画在中空处。

2. 在剖切时，剖切平面将形体剖开，从剖切开的截面上能反映形体所采用的材料。因此，在截面上应填充该形体所用的材料。如未注明形体的材料时，应在相应的位置画出同向、同间距并与水平线成 45° 的细实线（也称剖面线）。

[操作练习]

绘制图 2-88 的剖面图。

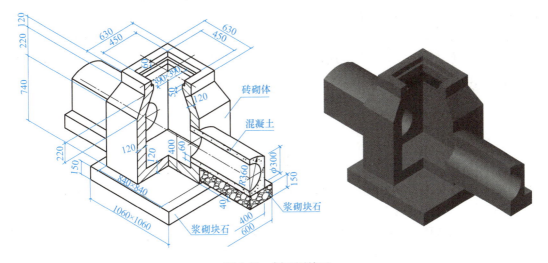

图 2-88　剖面图练习

# 单元 3　建筑构件图样绘制

在建筑施工图的识读和绘制中，经常会遇到楼梯构件、屋面构造等图样，这些图样表达的内容详实、图线多、构造复杂。因此，需要熟悉建筑制图相关标准和规范，掌握这些图样的图层、线型、线宽、图例、画法等具体规定，才能做到层次清晰、画法规范，并正确、快速、完整地完成图样绘制。

本单元涉及国家标准和规范较多，尤其在楼梯图样绘制中，在训练时需随时翻阅并正确理解相关标准和图集，并自觉养成遵守规则的自觉行为，举一反三、积累经验、提升技能，为到工作岗位中夯实基础。

## 项目 3.1　楼 梯 图 样 绘 制

楼梯是建筑物中可以步行通过的一系列不同高度的连续的水平面（踏板或梯段平台）组成的构件，主要功能是上下楼层交通和安全疏散。建筑中楼梯的形式较多，按楼梯的平面形式不同，可分为直跑楼梯、螺旋楼梯、弧形楼梯等；按楼梯的材料不同，可分为钢筋混凝土楼梯、钢楼梯、木楼梯、组合材料楼梯等。

楼梯图样在施工图中称为楼梯详图，是建筑详图中比较复杂的图样，通常包括楼梯平面图、楼梯剖面图和楼梯节点详图。楼梯平面图主要表达楼梯间的位置，平台的尺寸、梯段的尺寸，及各平台、楼层的标高，通常应包含底层楼梯平面、中间层（标准层）楼梯平面、顶层楼梯平面。楼梯剖面图主要表达楼梯垂直方向的尺度、构造做法，以及楼梯间门窗的位置和高度。楼梯节点详图主要表达楼梯扶手、踏步、栏杆的详细做法。

### 任务 3.1.1　绘制双跑楼梯详图

双跑楼梯是建筑中最常见的楼梯形式，《建筑制图标准》GB/T 50104—2010 中明确提供了双跑楼梯的构造图例。绘制双跑楼梯，是楼梯图样绘制的基础；绘制好楼梯图样，就可以将建筑平、立、剖面图和楼梯详图中的楼梯部分规范、正确、完整地表达出来。

[任务描述]

绘制如图 3-1 所示标准层双跑楼梯的剖面图（局部）和平面图。

[相关知识]

1. 了解直跑楼梯的基本构造要求。

2. 楼梯剖面图和楼梯平面图中的楼梯旋转方向（上、下走向）应保持一致，本任务图中所示楼梯为顺时针上楼。

3-1 绘制双跑楼梯

3. 了解建筑制图相关标准和规范对楼梯的相关规定和画法。

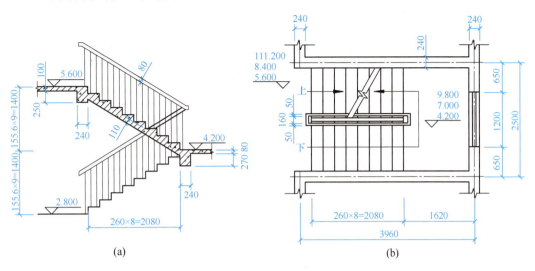

图 3-1　双跑楼梯

（a）剖面图（局部）；（b）标准层平面图

[技能要点]

1. 对关键命令 DIVIDE、DDPTYPE、ARRAY、MIRROR、OFFSET、COPY、TRIM、FILLET、BREAKLINE 等熟练使用。

2. 熟练掌握绘图辅助工具"正交模式【F8】""极轴追踪【F10】""对象捕捉【F3】"和"对象捕捉追踪【F11】"等工具的使用。

[任务实现]

1. 基本设置

基本设置包括设置图层、文字样式、标注样式等参数，本单元中的其他任务如不做特别说明，均按照任务 1 要求和内容进行基本设置。

（1）按要求设置图层及有关特性，见表 3-1。

图层设置　　　　　　　　　　　　　　　　　　　　　　　　　表 3-1

| 图层名 | 颜 色 | 线 型 | 线 宽 | 层上主要内容 |
|---|---|---|---|---|
| 0 | 白 | CONTINUOUS | Default | 图框等 |
| 01 | 蓝 | CONTINUOUS | 0.50 | 粗线 |
| 02 | 青 | CONTINUOUS | 0.35 | 中粗线 |
| 03 | 白 | CONTINUOUS | 0.25 | 中线 |
| 04 | 洋红 | CONTINUOUS | 0.13 | 细线 |
| 05 | 红 | CENTER | 0.13 | 点画线 |
| 06 | 蓝 | HIDDEN | 0.13 | 虚线 |
| 07 | 绿 | CONTINUOUS | 0.13 | 标注尺寸 |
| 08 | 白 | CONTINUOUS | 0.25 | 注写文字 |

（2）文字样式设置：中文：字体名选择"仿宋"，语言"CHINESE_GB2312"，宽度

因子"0.7";西文:字体名选择"simplex. shx",并使用大字体"GHZTXT. shx",宽度因子"0.7"。

(3)标注样式设置:"超出尺寸线"和"起点偏移量"均为2;箭头采用"建筑标记";文字采用刚设置的文字样式,字高3,"从尺寸线偏移"为1;其他参数根据建筑制图规范和建筑图样出图的需要设置。

2. 绘制楼梯剖面图(局部)

(1)绘制第一梯段,踏步线用"03"图层,栏杆线用"04"图层。

① 画一条长为1400的铅垂辅助线,并将其九等分。

② 绘制2条适当长度的水平和铅垂辅助线。

③ 阵列水平辅助线:单击 ■→弹出阵列对话框,输入"10行1列"→单选"矩形阵列",单击"选择对象"按钮,选择右侧铅垂辅助线→选取两个偏移按钮,拾取点Ⅰ和点Ⅱ,其操作过程如图3-2所示。

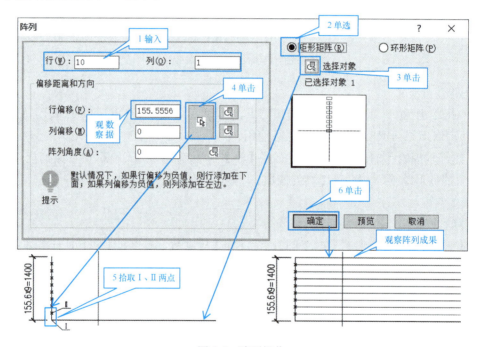

图 3-2　阵列操作

④ 阵列铅垂辅助线。

⑤ 用PLINE命令绘制楼梯台阶。

⑥ 删去所有辅助线。

(2)绘制扶手和栏杆

① 沿第一个踢步前沿向上画900长直线。

② 沿踏步下侧画出斜线,用OFFSET命令中的通过选项"T",捕捉900长直线的上端点,复制出最上方的一条斜线,再以80为间距向下偏移一条斜线。

③ 在第一个踏步绘制2根相距130的栏杆线。

④ 用COPY命令复制出其余栏杆线。

⑤ 用 MIRROR 命令，生成第二梯段，如图 3-3 所示。

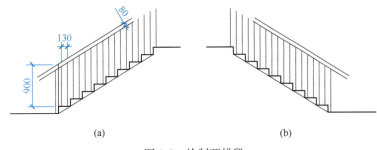

图 3-3　绘制两梯段

（a）第一楼段与尺寸要求；（b）镜像第二梯段

（3）处理栏杆、扶手

① 将复制出来的右侧部分移动到原先的上侧。

② 用 FILLET 命令，设置圆弧半径为 0，模式为修剪，使下扶手线相交。

③ 处理扶手拐角投影线，位置和尺寸如图 3-4（a）所示。同样的方法绘制上部扶手水平段。

④ 同样的方法绘制扶手其余 2 个端部的投影线，结果如图 3-4（b）所示。

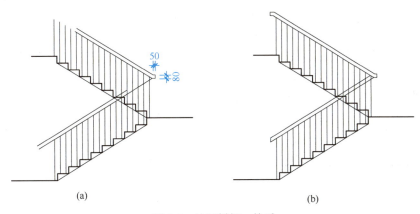

图 3-4　处理栏杆、扶手

（a）移动拐角；（b）扶手处理

（4）绘制梁、板

① 以 110 为间距，对上方楼梯的下侧斜线进行偏移复制。删除掉原有斜线，绘制 350×240 的平台梁截面，绘制 80 厚中间平台板，绘制 100 厚楼板，如图 3-5（a）所示。

② 修剪多余的线段，并将剖切到的楼梯踏步和平台梁线改至"01"图层，如图 3-5（b）所示。

③ 将梁、板剖切到的部分进行钢筋混凝土材料填充。

④ 进行尺寸标注、文字注写和标高绘制，完成楼梯剖面图的绘制，如图 3-1（a）所示。

3. 绘制楼梯平面图

（1）置图层"05"为当前，绘制定位轴线。用 OFFSET 命令从轴线偏移出墙体、窗线，并进行修剪；将墙线置为"01"图层，把窗线置为"02"图层，如图 3-6（a）所示。

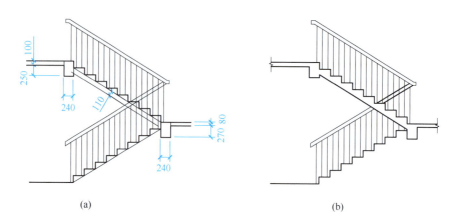

图 3-5 梁、板绘制

（a）梁、板轮廓；（b）剖切面处理

（2）先将右侧轴线偏移 1620 得到中间平台边线，再连续 8 次偏移 260 得到楼梯踏步线，修改踏步线至"02"图层。

（3）用偏移命令进行楼梯井定位和扶手内侧线定位，设楼梯井宽 80，如图 3-6（b）所示。

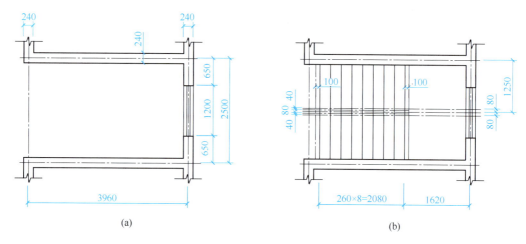

图 3-6 主要构件定位

（a）轴线和墙体；（b）踏步和扶手

（4）用矩形命令分别绘制梯井和扶手内侧线，梯井矩形长 2080、宽 80，扶手矩形长 2280、宽 160。再将扶手矩形向外偏移 50。用修剪命令修剪楼梯踏步线，如图 3-7（a）所示。

（5）用 BREAKLINE 命令（菜单扩展工具→绘图工具→折断线）在楼层 1/3 附近绘制楼梯折断线，并复制成两根；修剪两根折断线间的楼梯踏步线和扶手线；用 PLINE 命令绘制上、下楼梯的指示箭头；注写文字"上""下"，如图 3-7（b）所示。

其中用 BREAKLINE 命令绘制折断线的命令关键流程如下：

命令：**BREAKLINE** ↵

块 ＝ **BRKLINE. DWG，**块尺寸 ＝ 1，延伸距 ＝ 1.25

指定折线起点或［块（B）/尺寸（S）/延伸（E）］：**拾取第一点（S 选项可以设置折线符号的大小）**

指定折线终点：**拾取第二点**

指定折线符号的位置〈中点（**M**）〉：M ↵（折线符号绘制在中点处）

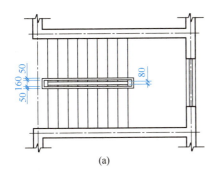 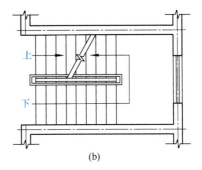

|  |  |
|---|---|
| （a） | （b） |

图 3-7　扶手和上下楼梯指示

（a）扶手修剪；（b）折断线和箭头

（6）最后进行尺寸标注、文字注写和标高绘制，完成楼梯平面图的绘制，如图 3-1（b）所示。

[技能提升]

　　1. 对栏杆、楼梯踏步线执行延伸或修剪命令过程中，选择对象可以采用栏选"F"方式：在命令行提示"选择对象"时，输入 F，然后通过拾取多个栏选点确定虚拟栏折线，与该折线相交到的对象都被选中。

　　2. 在执行命令过程中或回答对话框过程中，当需要输入一个数值时，通常可以用光标拾取两点之距来响应数值的输入，体会本任务在阵列时的光标拾取的两点。

　　3. 中望 CAD 的扩展工具提供了很多有用工具，请熟悉之。

[操作练习]

抄绘如图 3-8 所示的现浇钢筋混凝土板式楼梯平面图，并根据平面图绘制首层楼梯剖

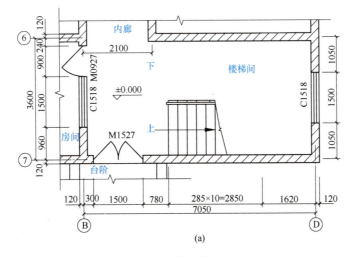

（a）

图 3-8　楼梯平面图（一）

（a）楼梯间底层平面图

面图（注：梯板厚110，梯梁截面尺寸200×300，梯梁边线与每跑第一级踏步线对齐）。

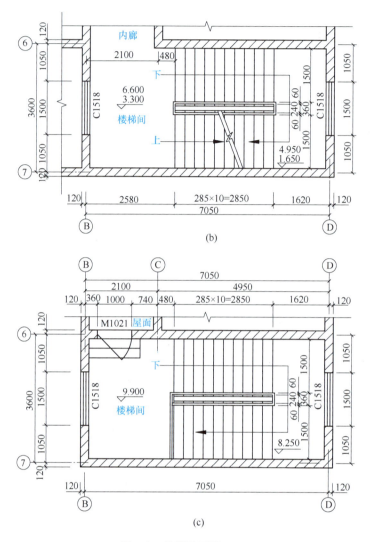

图 3-8 楼梯平面图（二）

（b）楼梯间标准层平面图；（c）楼梯间顶层平面图

## 任务 3.1.2 绘制旋转楼梯投影图

旋转楼梯通常称为螺旋形或螺旋式楼梯，平面轮廓为圆形或圆形的一部分，平台和踏步平面均为扇形，内侧宽度很小，外侧宽度较大。本任务将展现旋转楼梯投影图规律及其CAD制图要点。

[任务描述]

1. 观察如图 3-9（a）所示旋转楼梯立体图，了解旋转楼梯的形体特征和踏步走向规律。

2. 根据如图 3-9（b）中所示尺寸绘制旋转楼梯的三面投影图。

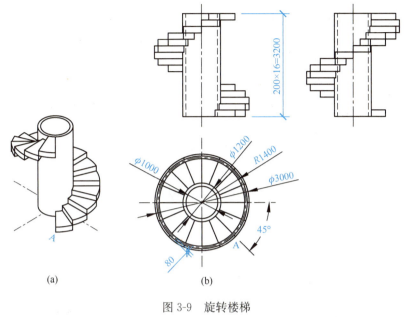

(a)　　　　　　　(b)

图 3-9　旋转楼梯

（a）立体图；（b）三视图

［相关知识］

1. 了解旋转楼梯形状特点和使用场合。

2. 掌握了三面投影图的投影规律。

［技能要点］

1. 掌握 ARRAY、XLINE、ROTATE 等命令的使用。

2. 用 XLINE 命令能够迅速绘制水平和垂直辅助线，以保证旋转楼梯踏步的正面投影和侧面投影满足"长对正、高平齐、宽相等"的投影规律。

3. 对虚线通常采用省略画法：被楼梯井筒遮挡部分的踏步投影虚线和被踏步遮挡的井筒轮廓投影虚线省略不画。

［任务实现］

1. 绘制定位轴线、井筒三面投影和楼梯踏步水平投影外圆及其踏步起始线 AD，并将对象置于相应的图层上，如图 3-10 所示。

2. 环形阵列绘制旋转楼梯踏步平面图

执行 ARRAY 命令➡回答环形阵列对话框，输入项目数"16"，阵列结果如图 3-11 所示，图中轮廓 ABCD 为第一级踏步的水平投影。

3. 绘制旋转楼梯踏步正立面图

（1）用 XLINE 命令绘制辅助线。从平面图上

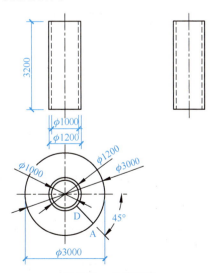

图 3-10　井筒定位

81

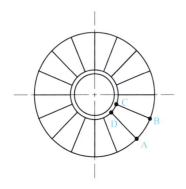

图 3-11　踏步阵列

第一级踏步的点 A、B、D 作竖直方向辅助线；在立面图作 17 根间距为 200 的水平辅助线，如图 3-12（a）所示。

（2）绘制第一级踏步的立面投影，判别可见性后，修剪不可见部分的线条，删除多余辅助线，如图 3-12（b）所示。

（3）绘制其余踏步，修剪轮廓，删除辅助线，如图 3-12（c）所示。

4. 绘制旋转楼梯踏步侧立面图

（1）将平面图复制到侧立面图轮廓线正下方后旋转 90°，如图 3-13（a）所示。

（2）同步骤 3 的过程绘制完成踏步侧立面图，如图 3-13（b）所示。

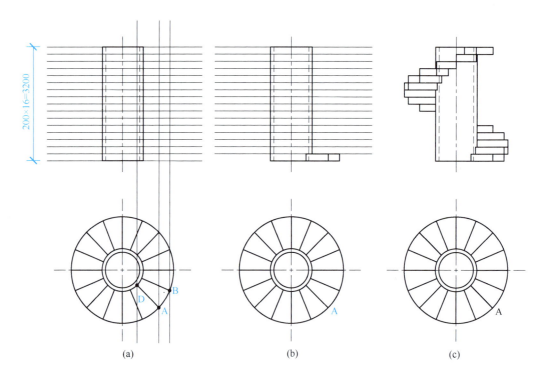

（a）　　　　　　　　　　（b）　　　　　　　　　　（c）

图 3-12　踏步正立面图绘制

（a）作辅助线；（b）绘制第一级踏步；（c）完成正立面投影

（3）处理可见性，整理图线，删除辅助线。

5. 绘制栏杆等辅助构件

按照图 3-14（a）绘制栏杆扶手并修剪踏步不可见部分，完成全部修剪后得到如图 3-14（b）所示平面图。

6. 进行尺寸标注和文字注写，完成旋转楼梯三视图的绘制，如图 3-9（b）所示。

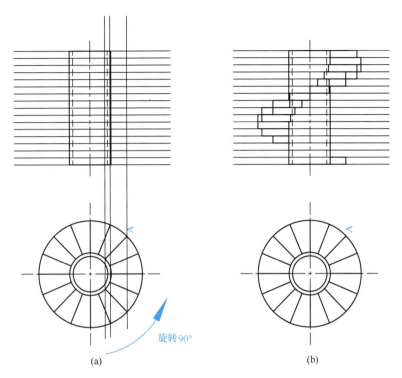

图 3-13  踏步侧立面图绘制

（a）复制、旋转；（b）完成正立面投影

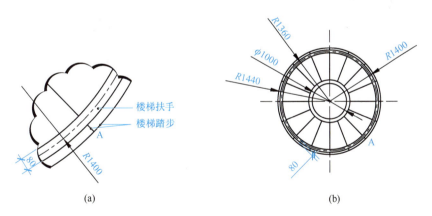

图 3-14  栏杆扶手绘制

（a）A 点水平投影大样图；（b）完成全部踏步修剪

[技能提升]

1. 在正立面图和侧立面图中绘制踏步时，应正确判别可见性。

2. 为保证每一级踏步的整体性，建议采用多段线（PLINE）绘制每一级踏步的正立面图和侧立面图。

[操作练习]

绘制如图 3-15 所示旋转楼梯的平面图和立面图。

3-2 绘制旋转楼梯

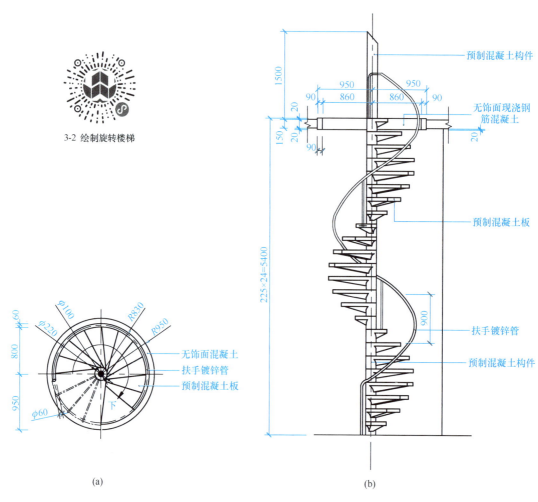

(a)                                                (b)

图 3-15　旋转楼梯平、立面图

(a) 楼梯平面图；(b) 楼梯立面图

## 任务 3.1.3　绘 制 钢 爬 梯

爬梯是建筑物不上人屋面检修用附属设施，可以设置在室内和室外。爬梯材料通常采用钢筋制作，称为钢爬梯。

[任务描述]

绘制如图 3-16 所示的屋面上人钢爬梯三视图样（详图Ⓐ无需绘制）。

[相关知识]

1. 掌握引线标注的使用方法。

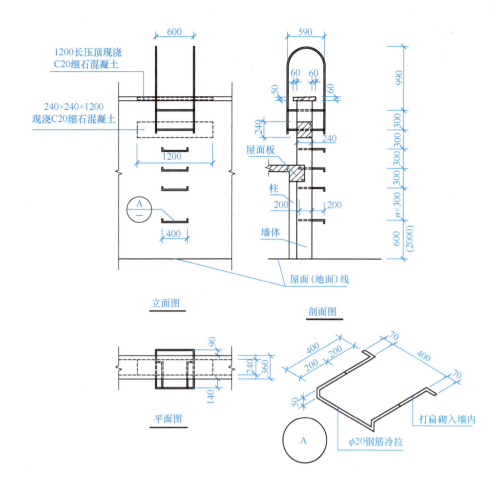

图 3-16　屋（地）面上人梯图样

2. 屋面上人梯的两点要求：①应有足够的承重能力以保证人员安全攀爬；②底部应距离地面一定高度以防止儿童攀爬。

3. 剖面图中的材料填充图例。

4. 钢爬梯构造及其 CAD 制图要点。

[技能要点]

1. 掌握 MLSTYLE、MLINE、HATCH 等命令。

2. 正确划分不同性质线条的线宽规定。

[任务实现]

1. 绘制屋面（地面）线和墙线

（1）绘制立面图的屋面（地面）线。

（2）根据图中尺寸作水平辅助线以确定踏步铁件位置。

（3）绘制平面图的墙线；绘制立面图中的墙线、压顶线、屋面板线，进行图案填充，各类型线条分别归入相应图层：屋面（地面）线、侧立面图中压顶线、墙线、梁、板的剖切轮廓线归入图层"01"；压顶、柱墙等构件的看线归入图层"03"；填充图例归入图层

"04"；不可见轮廓线归入图层"06"。如图 3-17 所示。

2. 绘制人梯踏步

（1）置图层"02"为当前。

（2）用 MLSTYLE 命令设置一个多线样式，两个元素、两端直线封口。

（3）用 MLINE 命令绘制人梯踏步平面图："对正"参数设置成"无（Z）"，"比例"参数设置成"20"。因钢筋踏步锚入墙内 200，故每个踏步分成三段绘制，锚入的两段调整图层到虚线层，如图 3-18 所示。

（4）将踏步平面按位置要求放入墙平面中，如图 3-19 所示。

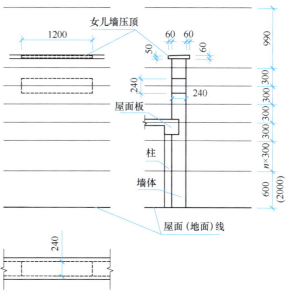

图 3-17　屋面（地面）线和墙线绘制

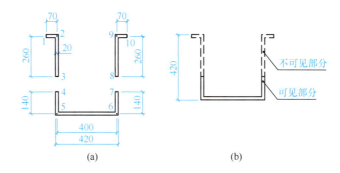

(a)　　　　　　　　　(b)

图 3-18　绘制人梯踏步平面图

（a）分三段绘制踏步平面；（b）根据可见性调整图层

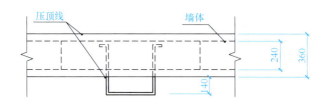

图 3-19　踏步平面位置确定

（5）用多线命令绘制爬梯踏步正立面图，如图 3-20（a）所示。

（6）使用多线分两段绘制踏步侧立面图，锚入墙体段调整到虚线层，如图 3-20（b、c）所示。

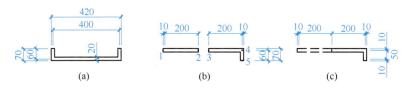

图 3-20　绘制踏步立面图

（a）绘制踏步正立面；（b）绘制踏步侧立面；（c）调整图层

（7）根据任务图尺寸和投影规律，将踏步立面投影图用移动、复制等命令放置到正确的位置中，如图 3-21 所示。

3. 绘制爬梯上部扶手

（1）用多线命令在图上空白处按任务图尺寸绘制爬梯上部扶手段，虚线、实线相邻处分段绘制，如图 3-22 所示。

（2）将扶手段投放到正确的位置，删除辅助线，并进行材料图案填充，如图 3-23 所示。

（3）标注尺寸，注写文字，完成绘图，如图 3-16 所示。

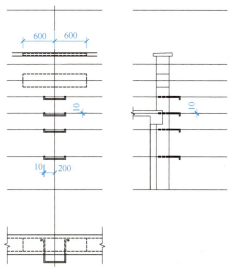

图 3-21　确定踏步三面投影

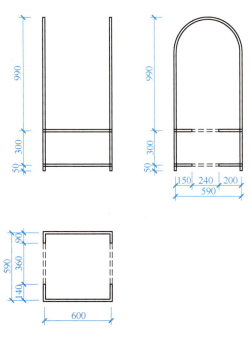

图 3-22　爬梯上部扶手

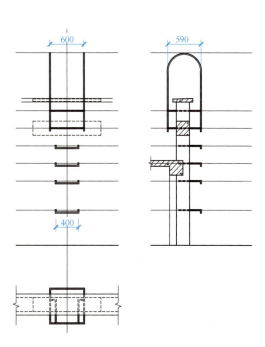

图 3-23　完成爬梯上部扶手

［技能提升］

　　多线还可用于几何图案、电子线路、建筑墙体、钢筋等图样的绘制，能够极大地提高绘图效率。

# 项目 3.2　屋面图样和墙体详图绘制

　　屋面是由防水、保温、隔热、找平、找坡等构造层所组成的房屋顶部，根据屋面坡度的大小，分为平屋面和坡屋面；根据屋面材料的不同，分为卷材、涂膜屋面、瓦屋面、金属板屋面、玻璃采光顶等。

　　屋面图样主要包括屋面排水平面图和屋面详图。屋面排水平面图主要表达屋面的排水走向、排水坡度、落水管设置等基本信息；屋面详图应列出屋面构造分层做法和檐口、檐沟、女儿墙、泛水、屋脊、屋面设施、管道出屋面处的细部构造详图和相关设计说明。

## 任务 3.2.1　平　屋　面

　　平屋面的坡度较小，最早用于雨少干旱地区的房屋，且使用广泛，通常需要进行有组织排水。通过本任务，掌握平屋面排水设计参数选用、绘制流程、图符图例表达及其CAD制图方法，熟悉平屋面雨水口节点构造的CAD绘制。

　　［任务描述］

　　1. 已知平屋面采用有组织外排水，屋面轮廓和雨水管布置如图 3-24 所示，屋面排水坡度为 3%，天沟纵向找坡 1%，请完成该屋面排水示意图。

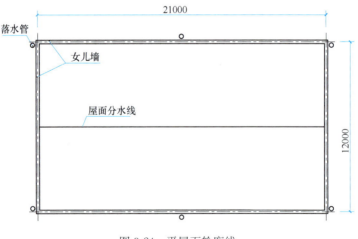

图 3-24　平屋面轮廓线

　　2. 抄绘如图 3-25 所示雨水口构造详图。

　　［相关知识］

　　1.《屋面工程技术规范》GB 50345—2012 对平屋面排水坡度的规定：平屋面的排水

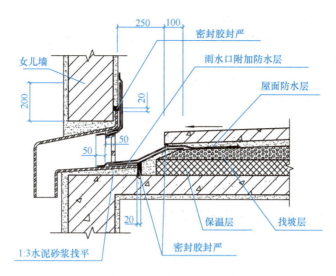

图 3-25　雨水口构造详图

坡度宜为 2‰～3‰，结构找坡宜为 3‰，材料找坡（即建筑找坡）宜为 2‰，钢筋混凝土檐沟（天沟）的纵向坡度不应小于 1‰，金属檐沟（天沟）的纵向坡度宜为 0.5‰。

2. 建筑材料图例画法的相关规定：

（1）防水层、找平层等较薄的构造层中的线条容易相粘连，在 CAD 制图时可采用放大画法，即适当放大构造层厚度，再通过引线和文字进行说明。

（2）图形较小无法画出建筑材料图例时，可不加图例，但应加文字说明。

[技能要点]

1. 排水组织时，重点解决如何合理划分天沟分水线；制图时，重点做好排水坡度的规范表达和快速注写。

2. 将各类构造线条画在正确的图层中：

（1）屋面排水图中构造线条图层选用：女儿墙、雨水管、屋面变坡线画入图层"03"。

（2）雨水口构造详图中构造线型、图层选用按表 3-2。

屋面构造详图图线宽度和图层选用　　　　　　　　　　　　　　表 3-2

| 构件 | 线宽 | 备注 | 图层 |
|---|---|---|---|
| 钢筋混凝土柱、墙、梁、板的剖切轮廓线 | 粗线 | $b$ | 01 |
| 保温层、防水层、找坡层等屋面构造层分界线 | 中粗线 | $0.7b$ | 02 |
| 粉刷线、找平面层线 | 中线 | $0.5b$ | 03 |
| 材料填充图例、投影看线、雨水斗 | 细线 | $0.25b$ | 04 |
| 尺寸标注、标高符号、坡度符号 | 细线 | $0.25b$ | 07 |
| 文字注写 | 中线 | $0.5b$ | 08 |

3. 正确选择和组合 CAD 填充图案，完成相关建筑材料的图例填充。

[任务实现]

1. 绘制平屋面排水示意图

（1）绘制定位轴线：先沿纵、横两个方向各绘制一根轴线，再用偏移命令得到另外两根轴线，偏移距离分别设为21000和12000。

（2）绘制女儿墙、屋面分水线、落水管：女儿墙厚240，将轴线向两侧各偏移120得到墙线，用修剪和延伸命令处理墙角，调整图层。屋面分水线位于屋面对称线上。采用外排水，落水管沿外墙外侧布置，如图3-26所示。

（3）沿排水坡向标注坡度符号，并注写排水坡度3%。

（4）绘制檐沟、天沟纵向找坡，沿纵向找坡方向标注坡度符号，并注写排水坡度1%，如图3-26所示。

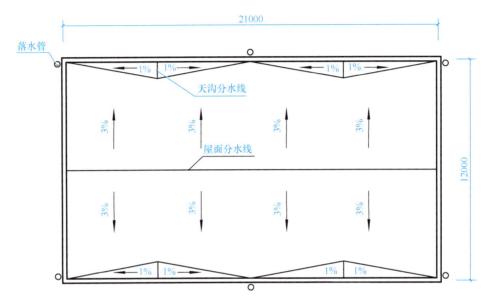

图3-26 平屋面排水示意图

**2. 绘制雨水口构造详图**

绘图顺序说明：按"先结构后构造"的顺序绘制，不同构造层可按施工先后次序绘制，即：现浇钢筋混凝土柱、墙、梁、板→保温层→找坡层→找平层→雨水斗→密封胶、防水层→细石混凝土刚性屋面→材料填充符号→标注和注写。

（1）在"01"图层绘制屋面梁板和女儿墙剖切轮廓线，雨水斗预留洞高280，屋面板厚100，屋面梁宽250，女儿墙宽240，如图3-27（a）所示。

（2）在"02"图层绘制保温层和找坡层，在"03"图层绘制粉刷层线，如图3-27（b）所示。

（3）在"04"图层绘制雨水斗：先用多段线PLINE命令绘制雨水斗外轮廓线，接着用FILLET命令对两条外轮廓线圆角，再将两条外轮廓线向内偏移12并进行端部修整，完成雨水斗绘制，如图3-28（a）所示。

（4）设置多线样式为两端直线封口，在"02"图层用多线MLINE命令绘制防水层，多线比例为"5"；用多段线PLINE命令绘制密封胶轮廓线，如图3-28（b）所示。

（5）在"02"图层中用LINE或PLINE命令绘制细石混凝土面层，在"04"图层中绘制雨水口算子，如图3-29所示。

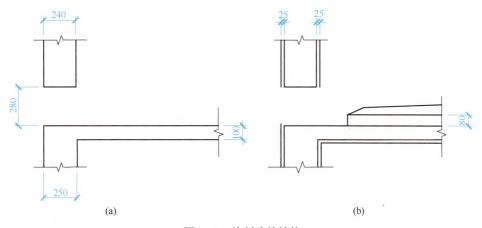

图 3-27　绘制建筑结构

（a）梁板和女儿墙；（b）保温层和找坡层

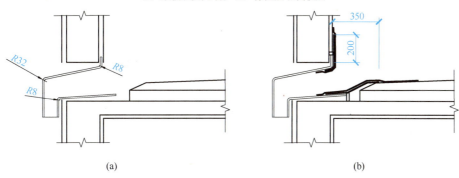

图 3-28　绘制雨水口

（a）绘制雨水斗；（b）绘制雨水口防水

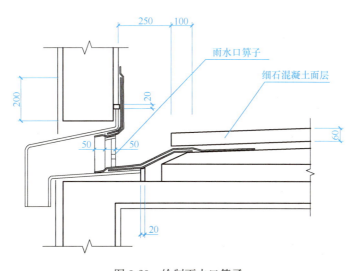

图 3-29　绘制雨水口箅子

（6）为了避免材料填充图例与其他细线相混淆，新建图层"09"用于图案填充。

（7）修整线条使各构造层形成封闭轮廓，然后进行材料图例填充，如图 3-30 所示。

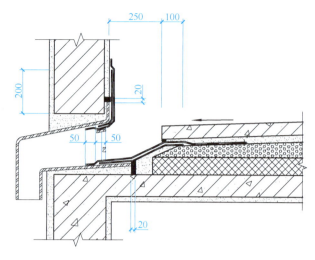

图 3-30  图案填充

（8）标注尺寸，注写构造层文字，完成全图，如图 3-25 所示。

[技能提升]

  1. 屋面构造层数量多，防水层、找平层等构造层的厚度不大，材料填充图例品种多，如果按实际厚度绘制，防水层等较薄的构造层中的线条容易粘连，在 CAD 制图时采用夸大画法，即适当放大构造层厚度，以使线条层次分明，材料图例清晰无误，构造层厚度则通过引线和文字进行说明。

  2. 因不能对多线对象进行倒圆角操作，故对有倒圆角需要的雨水斗宜采用 PLINE 命令绘制；若没有倒圆角需要的防水层则可采用 MLINE 命令绘制。

### 任务 3.2.2  坡  屋  面

  根据《坡屋面工程技术规范》GB 50693—2011 的规定，坡屋面指"坡度≥3%的屋面"。坡屋面按表面材料的构成可以分为瓦屋面、压型钢板屋面、种植坡屋面和防水卷材坡屋面等；按照坡数可以分为单坡屋面、两坡屋面、四坡屋面等，以四坡屋面为主。通过本任务，应掌握坡屋面的投影性质、绘图顺序及其 CAD 画法要点，熟悉坡屋面檐口节点构造。

[任务描述]

  1. 已知同坡屋面水平投影轮廓尺寸如图 3-31（a）所示，采用四坡屋面，屋面坡角均为 45°，试完成该屋面水平投影和正面投影图。

  2. 抄绘如图 3-31（b）所示的平瓦屋面檐口详图。

[相关知识]

  1. 坡屋面基本构造。

  2. 坡屋面坡度表达方法有三种：斜率法、百分比法和角度法。

  3. 可根据坡屋面坡度选择合适的屋面类型，本任务屋面坡度 45°，最好选用瓦屋面。

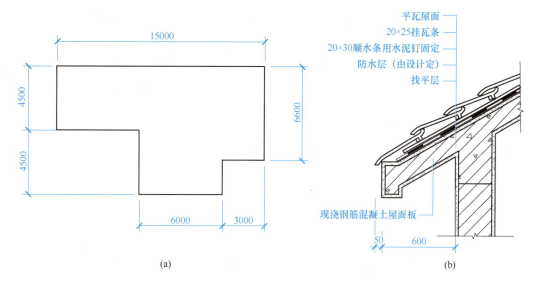

图 3-31 坡屋面水平投影轮廓及檐口详图

（a）水平投影轮廓；（b）平瓦屋面檐口详图

[技能要点]

1. 掌握 EXTEND、BLOCK 等命令的使用。

2. 平瓦屋面檐口详图线宽按表 3-3 选用。

瓦屋面檐口详图图线宽度和图层选用　　　　　　　　　　　表 3-3

| 构件 | 线宽 | 备注 | 图层 |
| --- | --- | --- | --- |
| 柱、墙、梁、板的剖切轮廓线 | 粗线 | $b$ | 01 |
| 屋面构造层分界线 | 中粗线 | $0.7b$ | 02 |
| 粉刷线、平瓦 | 中线 | $0.5b$ | 03 |
| 材料填充符号、投影看线等 | 细线 | $0.25b$ | 04 |
| 尺寸标注、符号图例 | 细线 | $0.25b$ | 07 |
| 文字注写 | 中线 | $0.5b$ | 08 |

[任务实现]

1. 绘制同坡屋面水平投影和正面投影图

（1）根据图 3-31 绘制屋面水平投影轮廓线，如图 3-32（a）所示。

（2）绘制坡面交线的水平投影线，只能是 45°或－45°方向，如图 3-32（b）所示。

（3）绘制各屋脊线，对各屋脊交汇处的屋面交线进行连接、修剪，如图 3-32（c）所示。（注：其中 a、b、c 范围为三个屋脊交汇处，无法由水平投影直接画出，需要根据同坡屋面投影特点，先完成正面投影，再补全水平投影。）

（4）按投影关系绘制正面投影中的 45°坡线和屋脊线，如图 3-33（a）所示。

（5）使用 EXTEND 命令的边延伸模式，将正面投影中的 d′e′与其上方屋脊投影线进行连接得到交点 f′，f′对应的点 f 就是不同高度屋脊的交点。

（6）利用正面投影补全水平投影，如图 3-33（b）所示。

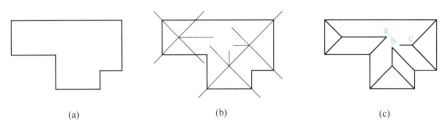

图 3-32　坡屋面水平投影绘制

（a）水平投影轮廓；（b）坡面交线水平投影；（c）完成斜脊水平投影

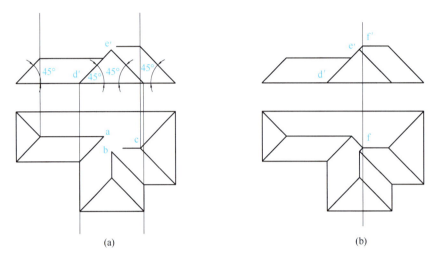

图 3-33　屋脊交汇处投影绘制

（a）正面投影绘制示意；（b）坡屋面水平和正面投影图

#### 2. 绘制平瓦屋面檐口详图

绘图顺序说明：按先结构后构造的顺序绘制，不同构造层可按施工先后次序绘制，即：现浇钢筋混凝土柱、墙、梁、板→找平层、粉刷层→防水层等构造层→挂瓦条→平瓦→材料图例填充→标注和注写。

3-3　绘制坡屋面

（1）考虑到需要偏移出粉刷线，所以在图层 "01" 中使用 PLINE 绘制柱墙梁板的剖切轮廓线。

（2）用 OFFSET 偏移 25 得粉刷线，并将其置为图层 "03"，如图 3-34（a）所示。

（3）在图层 "02" 中，用 MLINE 命令绘制防水层和顺水条。

（4）在图层 "0" 中，用 ARC 和 LINE 命令绘制一张水平放置的平瓦（含挂瓦条），如图 3-34（b）所示。

（5）用 BLOCK 命令将平瓦做成图块 "WA"，基点取平瓦的下方角点。将图层 "02" 置为当前，用 INSERT 命令插入图块，布置在顺水条上方，如图 3-34（c）所示。若瓦块之间间隙过大，可用 ROTATE 命令适当旋转瓦片，也可对图块进行重新定义。

（6）进行材料图例填充，如图 3-34（d）所示。

（7）标注尺寸，注写文字，完成全图，如图 3-31（b）所示。

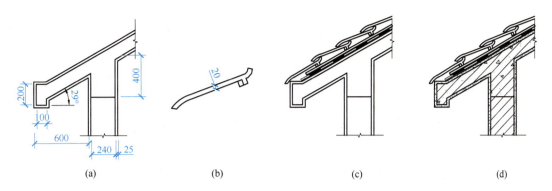

(a)　　　　　　　　　　(b)　　　　　　　　　　(c)　　　　　　　　　　(d)

图 3-34　平瓦屋面檐口详图绘制

（a）墙梁板和粉刷线；（b）平瓦块；（c）构造层和平瓦；（d）材料图例填充

［技能提升］

　　1. 对平瓦之类线条复杂的标准件的绘制采用图块方法，提高了制图效率。关于图块的使用见单元 6。

　　2. 防水层等较薄的构造层，若线宽使用中粗线后相邻图线靠得太近或重叠而图示不清，亦可改用中线。

［操作练习］

抄绘如图 3-35 所示曲面屋面方案图，含尺寸标注。

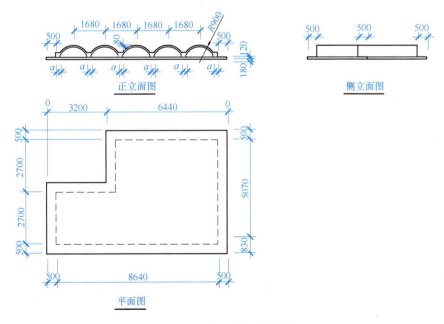

图 3-35　曲面屋面方案图

## 任务 3.2.3    墙 体 大 样 图

墙体大样图也称墙体详图，实质上是建筑剖面图中外墙身部分的局部放大图。它主要反映墙身各部位的详细构造、材料做法及详细尺寸，如檐口、圈梁、过梁、墙厚、雨篷、阳台、防潮层、室内外地坪、散水等，同时要注明各部位的标高和详图索引符号。

[任务描述]

绘制如图 3-36 加气混凝土砌块外墙墙身与地面节点大样图。

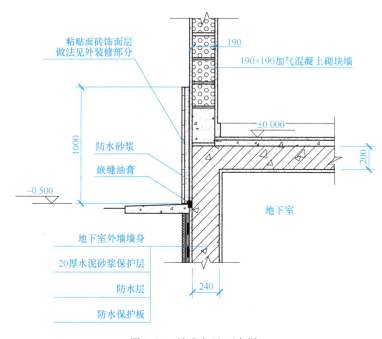

图 3-36    墙身与地面大样

[相关知识]

1. 采用加气混凝土砌块的墙体一般用在填充墙。

2. 《建筑制图标准》GB/T 50104—2010 第 2.1.2 条对建筑专业制图采用的各种图线的线宽进行了统一规定，如图 3-37 所示。

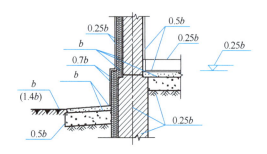

图 3-37    墙身大样线宽规定

3. 了解填充墙墙身与地面、楼面、屋面节点构造特点。

[技能要点]

1. 掌握详图标注方法，以及 CAD 绘制墙身大样图的技巧。

2. 墙身大样图的主要节点包括墙身与地面、墙身与窗、墙身与屋面。墙身竖向无变化或变化少的地方可用双折断线断开，以减少图纸占用。

3. 墙身大样图中表达的信息量很大，必须按《建筑制图标准》GB/T 50104—2010 的规定划分线宽，详见表 3-4。

墙身大样图图线宽度和图层选用　　　　　　　　　　　　　　　　表 3-4

| 构件 | 线宽 | 备注 | 图层 |
|---|---|---|---|
| 地坪线 | 粗线 | $1.4b/b$ | 01 |
| 柱、墙、梁、板的剖切轮廓线、女儿墙压顶轮廓线、钢筋线 | 粗线 | $b$ | 01 |
| 不同构造层分界线 | 中粗线 | $0.7b$ | 02 |
| 粉刷线、预埋件 | 中线 | $0.5b$ | 03 |
| 材料填充符号、投影看线等 | 细线 | $0.25b$ | 04 |
| 尺寸标注、标高符号 | 细线 | $0.25b$ | 07 |
| 文字注写 | 中线 | $0.5b$ | 08 |

[任务实现]

绘图顺序说明：按先结构后构造的顺序绘制，不同构造层可按施工先后次序绘制，即：现浇钢筋混凝土柱、墙、梁、板➜砌块墙➜找平层、粉刷层➜其他构造分层➜细节绘制➜材料填充符号➜标注和注写。

1. 在图层"01"中，使用 PLINE 命令绘制柱墙梁板的剖切轮廓线；用 OFFSET 命令向外侧偏移 25 得到粉刷线，然后修改粉刷线到图层"03"；绘制室外地坪线，修改线宽为 $1.4b$，如图 3-38（a）所示。

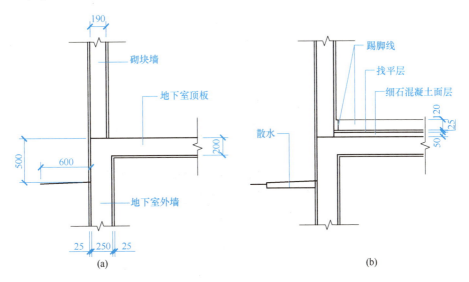

图 3-38　柱墙梁板、构造绘制

（a）柱墙梁板绘制；（b）水平向构造绘制

2. 在图层"02"中绘制室外散水、室内细石混凝土地面，在图层"03"中绘制室内地面找平层和踢脚线，在图层"04"中绘制踢脚看线，如图 3-38（b）所示。

3. 在图层"02"中绘制地下室外墙外侧防水层、保护板、外墙面砖粘贴基层；在图层"03"中绘制外墙装饰面砖，如图 3-39（a）所示。

4. 在图层"04"中进行材料图例填充，加气混凝土砌块高度 190，如图 3-39（b）所示。

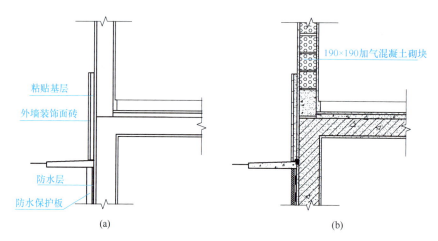

（a）　　　　　　　　　　　　　　　　　　　（b）

图 3-39　墙体构造和图例绘制

（a）竖向构造绘制；（b）墙体材料图例绘制

5. 进行标注，注写文字，完成全图，如图 3-36 所示。

[操作练习]

绘制如图 3-40 所示加气混凝土砌块外墙墙身与屋面节点大样图。

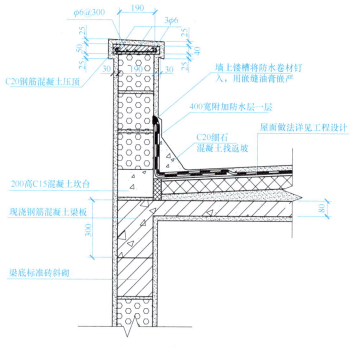

图 3-40　墙身与屋面大样

# 单元4  建筑施工图绘制

建筑施工图是建筑工程图中非常重要的一类，简称为建施图，主要包括平面图、立面图、剖面图（简称平、立、剖）和详图等图样，用来表达建筑物的位置、外部造型、内部布置、内外装修、细部构造、固定设施及施工要求等。

本单元以某连体别墅为对象，对建筑平面图、立面图和剖面图展开实训。

"平、立、剖"是建施图的主要图样，图样线条多，用 CAD 绘制这些图样，是建筑土木类专业必须具备的基本技能。本项目选用对称结构的建筑为案例，按照绘图步骤，融入建筑制图国家标准、行业规范，使学生养成良好的绘图习惯、严谨细致的工作作风和精益求精的工匠精神。

## 项目4.1  平 面 图 绘 制

建筑平面图，是假想用一个水平剖切平面，沿着建筑物各层门、窗洞口处位置将房屋切开，移去剖切平面以上部分，余下部分向下投影而得到的水平剖面图，称为平面图。通过绘图环境的设置和绘图命令的运用，根据专业标准的要求进行建筑平面图的绘制、编辑与保存。

建筑平面图主要反映出房屋的平面形状、大小和位置；墙、柱的位置、尺寸和材料；门窗的类型和位置等。

平面图的绘图流程一般可概括为：绘图环境设置➡绘制轴线➡绘制墙柱➡绘制门窗➡绘制楼梯➡绘制其他构配件➡绘制建筑符号➡注写文字➡尺寸标注➡调整图元➡保存。

### 任务4.1.1  首层平面图绘制

首层平面图主要表示建筑物首层平面形状，室内平面布置情况，出入口、楼梯、过道的布置，墙、柱等承重构件的布置，门、窗洞口的布置，室内外标高，另外还反映室外可见的台阶、明沟、散水、花池等构配件的布置。

首层平面图是房屋建筑工程图样中必不可少的部分，由于掌握了首层平面图的绘制也就基本掌握了标准层平面图等的绘制，所以首层平面图的绘制非常重要。

本任务将展现高效、规范、准确地绘制首层平面图的方法与技巧。

[任务描述]

绘制如图 4-1 所示的某别墅的首层平面图，要求做到正确和规范。

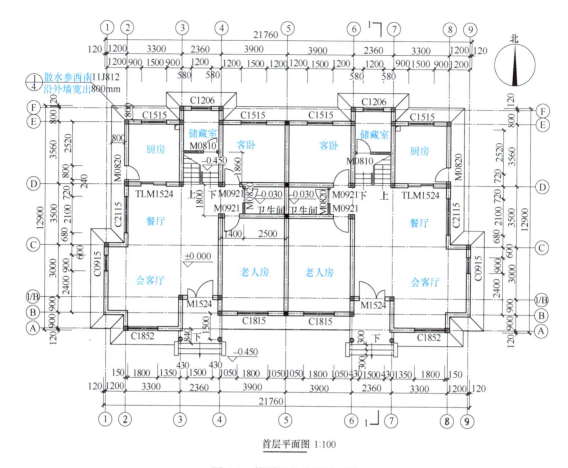

首层平面图 1:100

图 4-1　某别墅的首层平面图

[相关知识]

1. 需具备建筑识图能力。

2. 需熟悉相关标准：《总图制图标准》GB/T 50103—2010、《房屋建筑制图统一标准》GB/T 50001—2017、《建筑制图标准》GB/T 50104—2010。

4-1　绘制建筑平面图

3. 需掌握直线命令、多线命令、圆命令、复制命令、修剪命令等基本的命令操作。

4. 由于本图左右对称，所以先绘制好左半部分后，镜像产生右半部分（中间结合墙除外）即可，这样提高了绘图效率；对于墙线和窗线可以利用多线绘制和编辑。

[技能要点]

1. 平面图的绘制流程。

2. 各种样式的设置方法和要求。

3. 多线的绘制与编辑。

[任务实现]

1. 以"无样板打开—公制"的方式新建文件。

2. 基本设置（参见单元 2）

（1）设置绘图环境

对图形界限、图形单位、各种辅助工具（如配色方案、十字光标大小、自动保存时间、拾取框大小等）等设置。

（2）创建 2 个文字样式，字高都设置为 0。

① 汉字样式：文字样式命名为"HZ"，字体名选择"仿宋"，语言"CHINESE_GB2312"。

② 西文与数字文字样式：样式命名为"XT"，字体名选择"simplex.shx"，并使用大字体"HZTXT.shx"。

（3）创建标注样式

创建标注样式"BZ"，使用"XW"文字样式，字高为 3，将全局比例设置为"100"，其余参数根据建筑制图标准设置。

（4）创建多线样式

创建两个多线样式"WALL"和"WINDOW"：多线样式"WALL"中有两个元素，两端直线封口；多线样式"WINDOW"有四个元素，具体设置参数如图 4-2 所示。

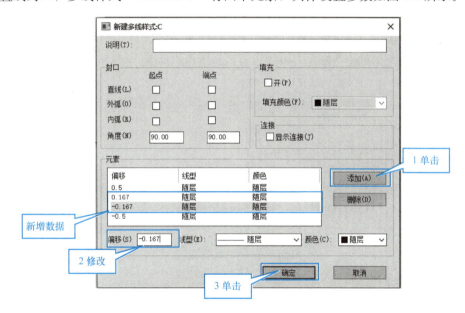

图 4-2　多线样式 WINDOW 设置

（5）开设图层

开设的图层及其属性见表 4-1。本项目所选用线宽组为：0.5、0.35、0.25、0.13。

图层参数

表 4-1

| 图层名 | 颜色 | 线型 | 线宽 | 层上主要内容 |
|---|---|---|---|---|
| 0 | 白 | CONTINUOUS | Default | 图框等 |
| 轴线 | 红 | CENTER | 0.13 | 点画线 |
| 墙体 | 白 | CONTINUOUS | 0.5 | 粗线 |
| 柱网 | 252 | CONTINUOUS | 0.5 | 粗线 |

续表

| 图层名 | 颜色 | 线型 | 线宽 | 层上主要内容 |
|---|---|---|---|---|
| 门窗 | 8 | CONTINUOUS | 0.25 | 中线 |
| 楼梯 | 洋红 | CONTINUOUS | 0.25 | 中线 |
| 台阶 | 绿 | CONTINUOUS | 0.25 | 中线 |
| 标注 | 蓝 | CONTINUOUS | 0.13 | 细线 |
| 文字说明 | 251 | CONTINUOUS | 0.13 | 细线 |
| 建筑符号 | 253 | CONTINUOUS | Default | 剖切符号等 |
| 视口 | 青 | CONTINUOUS | Default | 视口线 |
| 其他 | 254 | CONTINUOUS | Default | 不属于以上图层图元 |

3. 绘制轴网（图 4-3）

（1）绘制轴线

置图层"轴线"为当前。通常轴线的总长度为上、下、左、右轴号间距，所以绘制时可以以建筑物外包总尺寸加上标注尺寸线间距及适当长度作为轴线的总长度，用 PLINE、OFFSET、TRIM 等命令绘制和编辑。

（2）绘制轴号

轴号用属性块的方法绘制，编号应注写在轴线端部的圆内，圆应用细实线 $0.25b$ 绘制，直径为 8，编号字高为 4。关于属性块的使用参见单元 6。

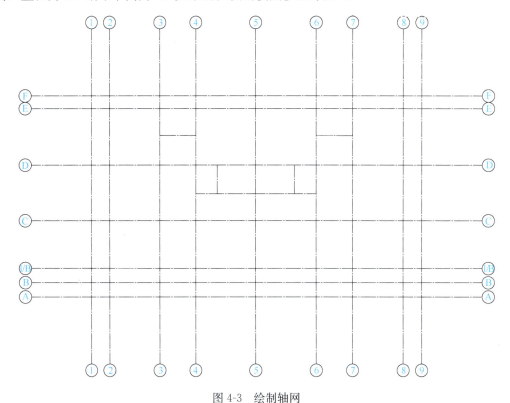

图 4-3　绘制轴网

4. 绘制左半墙体线（图 4-4）

（1）置图层"墙体"为当前。

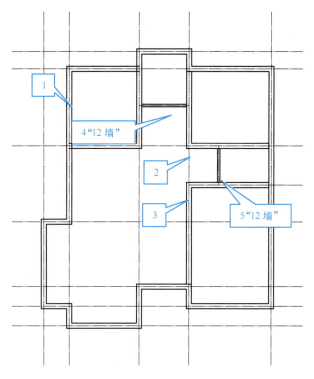

图 4-4　绘制左半墙体

（2）绘制 24 墙体线。

用多线样式"WALL"，执行命令 MLINE，设定比例为"240"，分 3 次绘制 24 墙。

（3）绘制 12 墙体线。

继续执行命令 MLINE，设定比例为"120"，对正方式为"无"，分 2 次绘制 12 墙。

5.编辑右半墙体线

双击任一多线，将启用"多线编辑工具"，如图 4-5 所示，用"T 形打开"工具对所绘制的墙体按图 4-1 的连接方式进行编辑。用"T 形打开"工具时，编辑效果与选择对象的次序有关，先选"T"中的"竖"，后选"T"中"横"，结果如图 4-6 所示。

6.修剪门、窗洞口（图 4-7）

（1）定位门、窗洞口

用直线命令 LINE 和偏移命令 OFFSET 定位门、窗洞口修剪边界线。

（2）修剪洞口

在修剪过程中，最好锁定图层"轴线"，以免误剪。

7.绘制窗门窗（图 4-8）

（1）置图层"门窗"为当前。

（2）绘制平开门，用命令 LINE 和 ARC 绘制平开门和子母门。

（3）绘制推拉门，用命令 RECTANG 绘制推拉门。

（4）用多线样式"WINDOW"，设定比例为"240"绘制窗线。

图 4-5　多线编辑工具

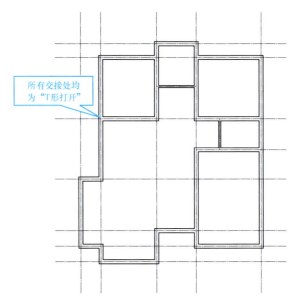

图 4-6　编辑墙体

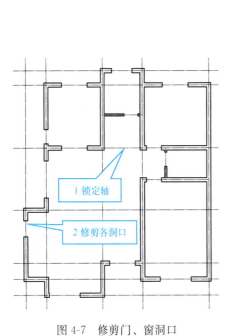

图 4-7　修剪门、窗洞口

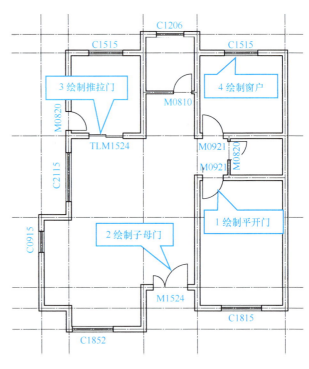

图 4-8　绘制门窗

8. 绘制柱网、台阶、散水、柱子等（图 4-9）

（1）绘制柱网

置图层"柱网"为当前，使用多段线命令 PLINE、矩形命令 RECTANG 和填充命令 HATCH 绘制柱网。在绘制时为了填充方便，可以在空白区域绘制并填充好后再将柱子

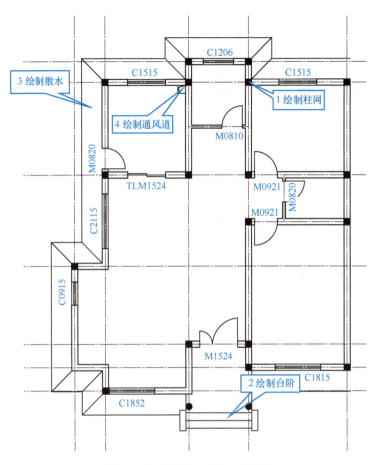

图 4-9　绘制柱网、台阶、散水等

移动到位。

（2）绘制台阶

置图层"台阶"为当前。使用命令 PLINE、矩形命令 RECTANG 绘制。

（3）绘制散水

置"散水"图层为当前，用多段线命令 PLINE 沿外墙绘制轮廓，并用偏移命令 OFFSET 向外偏移 800，使用 TRIM 修剪命令修剪延伸完成散水的绘制。

（4）绘制通风道

置图层"其他"为当前。使用矩形命令 RECTANG、多段线命令 PLINE 绘制。

9. 绘制楼梯（图 4-10）

（1）绘制楼梯踏步线

置图层"楼梯"为当前，用命令 PLINE、OFFSET 绘制楼梯踏步线，楼梯踏步宽度为 270。

（2）绘制楼梯扶手

用命令 LINE 绘制楼梯扶手，扶手宽度为 60；用命令 BREAKLINE 绘制折断线；用命令 TRIM 修剪部分踏步线。

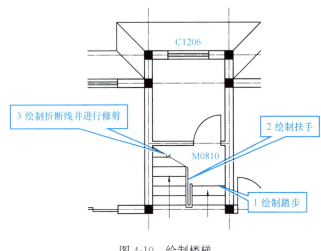

C1206

3 绘制折断线并进行修剪

2 绘制扶手

M0810

1 绘制踏步

图 4-10　绘制楼梯

10. 注写文字，绘制索引符号、标高、箭头和剖切符号等

（1）注写文字

置"文字说明"图层为当前图层。用多行文字命令 MTEXT 注写文字，其中房间字高为 5，其余字高为 3.5。

（2）绘制索引符号

置图层"建筑符号"为当前，用命令 CIRCLE、LINE、DONUT 绘制索引符号，其中圆直径 10，剖切位置线线宽为 $b$，水平直径等直线线宽为 $0.25b$，说明文字字高为 3.5，编号字高为 4。

（3）绘制标高符号

标高符号端部是高为 3 的等腰直角三角形，线宽为 $0.25b$。

（4）绘制箭头

用命令 QLEADER 引线命令绘制箭头。

（5）绘制剖切符号

用命令 LINE 绘制剖切符号，线宽为 $b$，剖切编号文字字高为 4。

11. 镜像

（1）镜像

选择所绘图形与文字（中间结合墙、轴线及编号除外），以⑤号轴线为镜像线进行镜像并保留源对象。

（2）处理镜像结果

删除不必要的镜像结果，如剖切符号、标高符号、索引符号等。

12. 标注尺寸

（1）标注外部三道尺寸

置图层"标注"为当前，调用所设置的标注样式"BZ"，用线性标注命令、连续标注命令和基线标注命令标注外部三道尺寸，并进行必要的调整，防止尺寸数字重叠或与其他图线、文字重叠。

在外部标注过程中，也可以⑤号轴线为镜像轴镜像内部两道尺寸。

（2）标注内部尺寸

标注内部尺寸，并进行必要的调整，防止尺寸数字重叠或与其他图线、文字重叠。

13. 绘制指北针、注写图名与比例

图名字高为 5，下划线为粗实线；比例字高为 3.5。

14. 图形检查与调整，完成任务

绘制完成后，显示线宽进行图元检查，检查无误后对图形进行美化调整，使图形整体美观、整洁。

[技能提升]

1. 用命令的快捷键（通常用自己定义的习惯快捷键），可以大幅度提高绘图速度。

2. 掌握平面图的绘制流程和了解建筑制图规范是绘图质量的保证。

3. 将用多线命令 MLINE 绘制墙体的多线样式设置为两端直线封口，这样在修剪门窗洞口时，会自动直线封口。

4. 在墙体用"T 形打开"工具编辑时，编辑效果与选择对象的次序有关，先选"T"中的"竖"，后选"T"中"横"；而"十字打开"与对象的选择次序无关。读者可自行体验。

5. 利用图层管理器工具，适时对图层如隔离、关闭或锁定，可以在密集对象时减少误操作。

[操作练习]

抄绘如图 4-11 所示某别墅的二层平面图。

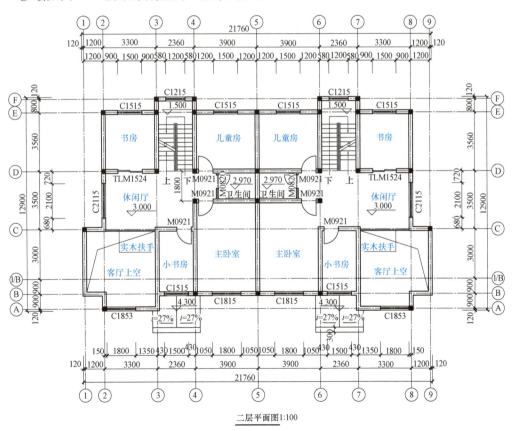

二层平面图1:100

图 4-11 某别墅的二层平面图

## 任务 4.1.2 屋顶平面图绘制

屋顶平面图与首层平面图及标准层平面图有相同之处，同时又有其本身的特点。屋顶平面图是屋面的水平投影图，不管是平屋顶还是坡屋顶，主要表示屋面排水情况和突出屋面的全部构造排布。

[任务描述]

在完成任务 4.1.1 的基础上，绘制该别墅的屋顶平面图，如图 4-12 所示，要求做到投影正确、信息完整、表达规范。

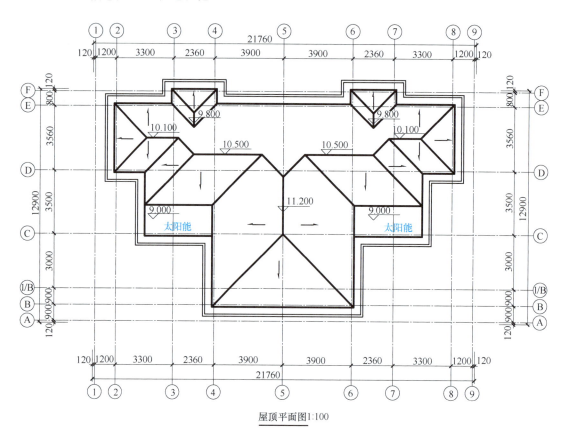

屋顶平面图1:100

图 4-12　某别墅的屋顶平面图

[相关知识]

1. 需具备建筑识图能力和投影能力。

2. 需了解熟悉相关标准：《房屋建筑制图统一标准》GB/T 50001—2010、《建筑制图标准》GB/T 50104—2010。

[技能要点]

1. 屋顶平面图的绘制流程。

2. 屋脊投影的绘制。

3. 特性面板的使用。

[任务实现]

1. 增设图层（表 4-2）。

**增设图层参数**

表 4-2

| 图层名 | 颜色 | 线型 | 线宽 | 层上主要内容 |
|---|---|---|---|---|
| 虚线 | 253 | HIDDEN | 0.25 | 墙体外轮廓线 |
| 屋面 | 白 | CONTINUOUS | 0.5 | 粗线 |

2. 复制轴网

从任务 4.1.1 中复制出轴网，并进行适当处理。

3. 绘制外墙外轮廓线（图 4-13）

将轴线偏移 120，生成外墙的外轮廓线，对未相交外墙外轮廓线使用圆角命令 FILLET 进行修剪编辑（半径为 0），并通过特性面板将偏移结果改为"屋面"图层。

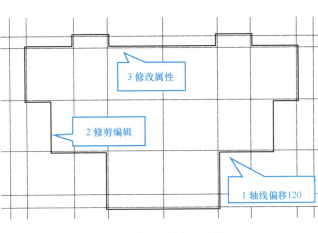

图 4-13 绘制外墙外轮廓线

4. 绘制屋面（图 4-14）

将外墙外轮廓线偏移 400，生成外围屋面线，并通过特性面板将偏移结果改为"其他"图层；根据所给参数绘制屋脊线；由于所有屋面为同坡屋面，所以过屋面角点做角平分线，确定斜脊线及天沟线的投影。将部分外围屋面线偏移 120，绘制了成品天沟。

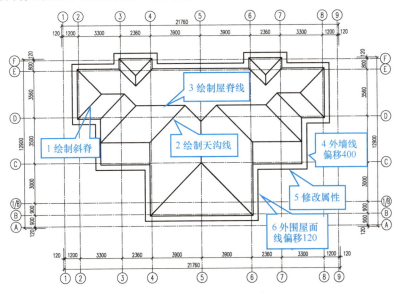

图 4-14 绘制屋面

5. 绘制标高、索引符号、坡度符号等建筑符号

置图层"建筑符号"为当前，使用命令 LINE 绘制标高符号；使用命令 LINE、CIRCLE 绘制索引符号；使用命令 LINE、DONUT 绘制引线符号；使用命令 LINE、HTACH 绘制坡度符号，该符号为单面箭头，指向下坡方向。上述建筑符号也可以采用

属性块插入的方式绘制，关于属性块的使用参见单元 6。

6. 文字注释

置图层"文字说明"为当前，使用多行文字命令 MTEXT 进行必要的文字注释，字高为 3.5。

7. 标注尺寸

置图层"标注"为当前，用任务 4.1.1 所设置的"BZ"标注样式，标注外围尺寸及内部尺寸，对于屋顶平面图外部尺寸一般为两道。标注完成后进行必要的调整，防止尺寸数字重叠或与其他图线、文字重叠。

8. 注写图名与比例

可使用命令 MTEXT 输入，也可将任务 4.1.1 图名复制过来仅作文字内容的修改。

9. 图形检查与调整，完成任务

［技能提升］

1. 在两直线相交的修剪过程中，用圆角命令 FILLET 进行修剪编辑（半径为 0，操作步骤同两直线圆角相同）非常方便。

2. 本任务的完成也可以用镜像命令 MIRROR，以节约绘制时间。

3. 本任务的建筑符号绘制，既可以采用常规方法绘制又可以采用块插入的方法绘制。

［操作练习］

抄绘如图 4-15 所示某别墅的屋顶平面图。

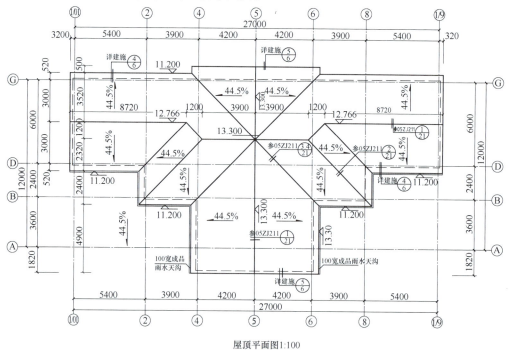

屋顶平面图1:100

图 4-15　某别墅的屋顶平面图

### 任务 4.1.3  施工平面布置图绘制

在建筑总平面图上布置各种为施工服务的临时设施现场布置图称为施工平面图。按照施工方案和施工进度的要求，对施工现场的道路交通、材料仓库、附属企业、临时房屋、临时水电管线等做出合理的规划布置，从而正确处理全工地施工期间所需各项设施和永久建筑、拟建工程之间的空间关系。

由于中望 CAD 软件本身所具有的优点，所以利用中望 CAD 软件绘制施工平面布置图时可做到图元易编辑、图面简洁、图样清晰。

[任务描述]

绘制如图 4-16 所示的某工程施工平面布置图，要求做到正确和规范。由于施工平面布置图采用较小比例绘制，各建筑物或构筑物尺寸相对较小，根据施工平面图布置图的作用，无需绘制得很详细，所需尺寸参照总平面图 4-17。

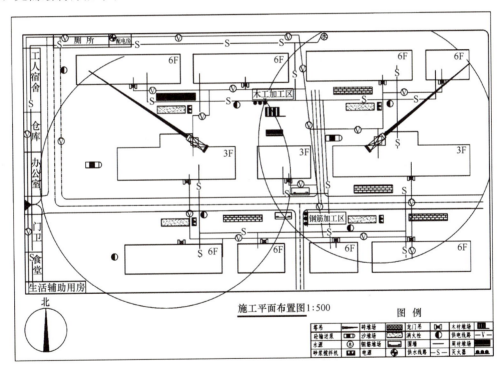

图 4-16  某工程施工平面布置图

[相关知识]

1. 需具备投影知识与建筑总图识图能力。

2. 需熟悉相关标准：《房屋建筑制图统一标准》GB/T 50001—2010、《建筑制图标准》GB/T 50104—2010、《总图制图标准》GB/T 50103—2010。

[技能要点]

1. 施工平面布置图的绘制流程。

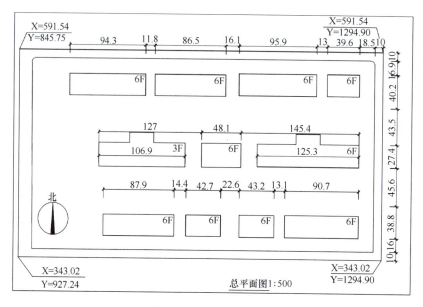

图 4-17　某项目总平面图

2. 建筑图例的绘制。

[任务实现]

1. 以"无样板—公制"的方式新建文件。

2. 绘图环境设置,同任务 4.1.1。

3. 开设图层,见表 4-3。

图层参数　　　　　　　　　　　　　　　　　　　　　　表 4-3

| 图层名 | 颜色 | 线型 | 线宽 | 层上主要内容 |
|---|---|---|---|---|
| 0 | 白 | CONTINUOUS | Default | 图块 |
| 其他 | 251 | CONTINUOUS | Default | 不易分层内容 |
| 视口 | 9 | CONTINUOUS | Default | 视口线 |
| 尺寸标注 | 蓝 | CONTINUOUS | 0.13 | 尺寸标注 |
| 中心线 | 红 | CENTER | 0.13 | 道路中心线 |
| 文字 | 253 | CONTINUOUS | 0.13 | 文字 |
| 材料堆场 | 蓝 | CONTINUOUS | 0.25 | 材料堆放区域及图例 |
| 道路设施 | 洋红 | CONTINUOUS | 0.25 | 道路边线及大门 |
| 施工机具 | 250 | CONTINUOUS | 0.25 | 塔吊、龙门吊等机具 |
| 水电线路 | 252 | CONTINUOUS | 0.25 | 水电源及临时线路 |
| 消防设施 | 红 | CONTINUOUS | 0.25 | 灭火器、消火栓等设施 |
| 建筑轮廓 | 白 | CONTINUOUS | 0.50 | 原有及新建建筑物轮廓 |
| 用地红线 | 红 | CONTINUOUS | 0.50 | 用地范围红线 |

4. 绘制施工区域及建筑物轮廓(图 4-18)

将"建筑轮廓"图层设为当前图层,绘制出施工区域及原有及新建建筑物轮廓,数据参考总平面图。

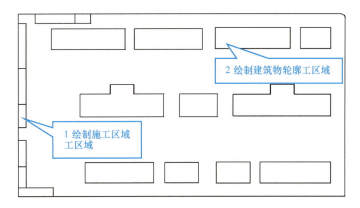

图 4-18　绘制施工区域及建筑物轮廓

5. 绘制图例符号（图 4-19）

将"其他"图层设为当前图层，绘制需用图例符号。

例如砂浆搅拌机符号的绘制，其具体操作步骤为：

（1）用直线命令 PLINE 绘制图例符号轮廓。

（2）用填充命令 HTACH 进行区域填充。

（3）用缩放命令 SCALE 进行适当缩放，以适应表格大小。

图　　例

| 塔吊 | ◁▬▷ | 砖堆场 | | 龙门吊 | | 木材堆场 | |
|------|------|--------|----|--------|----|----------|----|
| 混凝土输送泵 | | 沙堆场 | | 消火栓 | | 供电线路 | — V — |
| 水源 | 水 | 钢筋堆场 | | 围墙 | | 周材堆场 | |
| 砂浆搅拌机 | | 电源 | | 供水线路 | — S — | 灭火器 | ●●● |

图 4-19　图例符号

6. 施工机具布置（图 4-20）

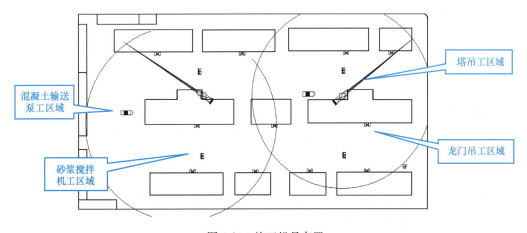

图 4-20　施工机具布置

将"施工机具"图层设置为当前图层，绘制出塔吊、搅拌机、混凝土输送泵等施工机具。

7. 道路设施布置（图 4-21）

置图层"道路设施"为当前，绘制出施工道路、大门等交通设施。

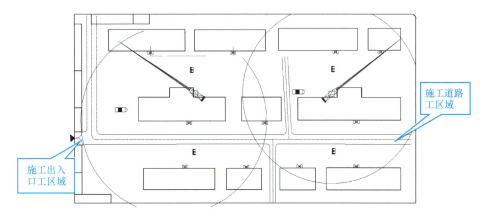

图 4-21 道路设施布置

8. 材料堆放布置（图 4-22）

置图层"材料堆场"为当前，绘制材料堆放区域。

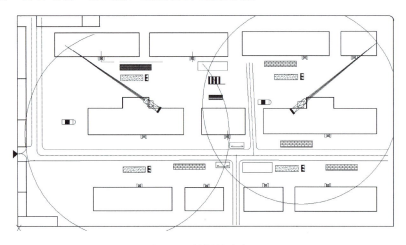

图 4-22 材料堆放布置

9. 临时水电线路、消防设施布置（图 4-23）

置图层"水电线路"为当前，绘制出临时水电线路；置图层"消防设施"为当前绘制出消防设施。

10. 文字注释（图 4-24）

置图层"文字"为当前，进行必要的文字注释。

11. 注写图名、比例及绘制指北针（图 4-25）

置图层"文字"为当前，注写出图名、比例并绘制指北针。

12. 图形检查与调整，完成任务。

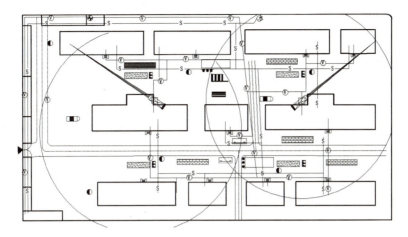

图 4-23 临时水电线路、消防设施布置

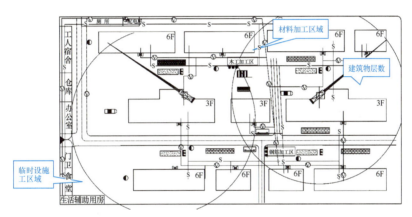

图 4-24 文字注释

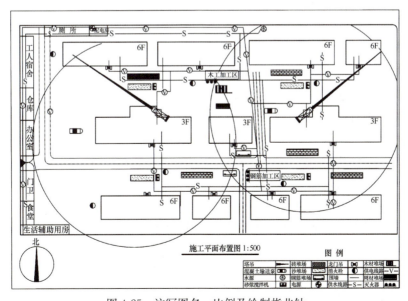

图 4-25 注写图名、比例及绘制指北针

［技能提升］

在实际工作中，施工平面布置图的绘制可以在设计院绘制的总平面图的基础上进行绘制，可以大幅度提高绘图效率。

［操作练习］

抄绘如图 4-26 所示某工程施工平面布置图。

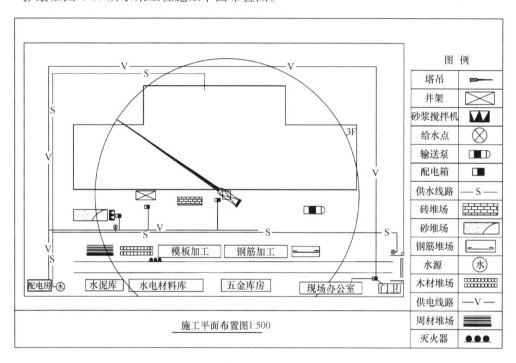

图 4-26　某工程施工平面布置图

# 项目 4.2　立面图和剖面图绘制

建筑立面图是房屋不同方向的立面正投影图，简称立面图。立面图主要表达建筑物的体型和外貌，以及外墙面的面层材料、色彩，女儿墙的形式，线脚、腰线、勒脚等饰面做法，阳台的形式及门窗布置，雨水管位置等。

建筑剖面图一般为垂直剖面图，即用直立平面剖切建筑物所得到的剖面图。它表达建筑物内部垂直方向的主要结构形式、分层情况、构造做法以及组合尺寸。剖面图的部位，应在平面图上选择能反映全貌和构造特征，以及有代表性的剖切部位。

本项目以某别墅为对象，完成该别墅的立面图和剖面图绘制任务。

## 任务 4.2.1　正立面图绘制

建筑立面图的绘制是在已有建筑平面图的基础上完成的。因此，可以借助已有的建筑平面图，结合具体的立面标高绘制建筑立面轮廓，然后依次完成屋顶、门窗、阳台及栏杆扶手等建筑构件立面轮廓以及其他细部构造的绘制，最后进行立面标注及必要的文字说明。

通过本任务的学习，读者将有效地掌握建筑正立面图的绘制方法和理念，并在任务实施过程中逐步提升中望CAD相关操作命令的技能水平，最终能够熟练运用中望CAD软件绘制建筑物的正立面图。

4-2 绘制建筑
立面图

**[任务描述]**

绘制如图 4-27 所示的某别墅①～⑨立面图，图面要求准确规范。

**任务条件：**

1. 门窗汇总表见表 4-4，门窗大样图如图 4-28 所示。

2. 立面图中所涉及各建筑构件细部大样图如图 4-29 所示。

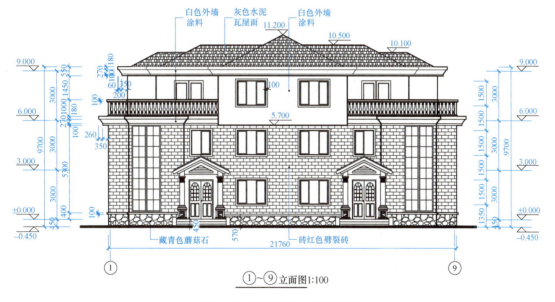

图 4-27　某别墅①～⑨立面图

3. 建筑平面图（项目 4.1 成果）。

门窗汇总表　　　　　　　　　　　　　　　　　　　　　表 4-4

| 编号 | 洞口尺寸（宽×高） | 材料 | 数量 | 所在图集及图纸编号 |
|---|---|---|---|---|
| M1524 | 1500×2400 | 铁艺防盗门 | 2 | |
| C1815 | 1800×1500 | 铝合金推拉窗 | 6 | 02J603-1-TLC70 |
| C1852 | 1800×5200 | 铝合金玻璃窗 | 2 | 02J603-1-GLC70 |
| C0915 | 900×2100 | 铝合金推拉窗 | 6 | 02J603-1-TLC70 |
| M0820 | 800×2000 | 铁艺防盗门 | 2 | |
| C1206 | 1200×600 | 铝合金推拉窗 | 2 | 02J603-1-TLC70 |
| C1515 | 1500×1500 | 铝合金推拉窗 | 12 | 02J603-1-TLC70 |
| C2115 | 2100×1500 | 铝合金推拉窗 | 6 | 02J603-1-TLC70 |

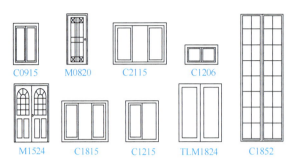

图 4-28　门窗大样图

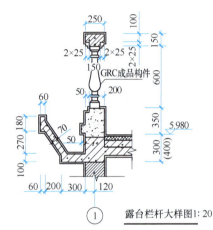

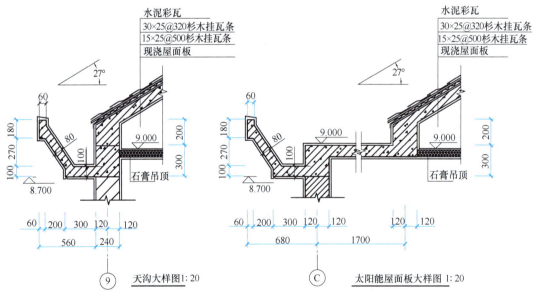

图 4-29　建筑构件细部大样图

[相关知识]

1. 需具备投影知识和建筑识图能力。

2. 需了解和熟悉相关标准：《房屋建筑制图统一标准》GB/T 50001—2010、《建筑制图统一标准》GB/T 50104—2010。

3. 任务 4.2.1 所示别墅正立面图是左右对称的，因此只需绘制该立面图的左侧一半，右侧采用"镜像"命令，即可得到整体立面。

4. 门窗绘制使用图块功能，能有效提高绘图效率，并为后期深化设计提供方便途径。

[技能要点]

1. 建筑构件立面定位方法。

2. 屋顶平立面投影关系分析。

3. 门窗和阳台及栏杆的绘制理念。

[任务实现]

1. 增设图层

打开任务 4.1.1 绘制完成的"首层平面图"，作为绘制正立面图的基础。根据立面图绘制需要，新增图层：辅助线、地坪线、屋顶轮廓线、外墙轮廓线等，新增图层参数信息见表 4-5。

**图层参数**　　　　　　　　　　　　　　　　　　　　　　　　　表 4-5

| 图层名 | 颜色 | 线型 | 线宽 | 层上主要内容 |
|---|---|---|---|---|
| 辅助线 | 9 | CONTINUOUS | 0.13 | 细线 |
| 屋顶轮廓线 | 青 | CONTINUOUS | 0.5 | 粗线 |
| 外墙轮廓线 | 白 | CONTINUOUS | 0.5 | 粗线 |
| 地坪线 | 白 | CONTINUOUS | 0.7 | 地坪线 |
| 建筑线条 | 白 | CONTINUOUS | 0.25 | 中线 |
| 栏杆 | 8 | CONTINUOUS | 0.13 | 细线 |
| 阳台 | 白 | CONTINUOUS | 0.25 | 中线 |

2. 绘制地坪线和标高线

（1）置图层"轴线"为当前，以一层平面图为参照，用命令 PLINE，从①～⑨立面图中的两侧外墙纵向定位线引出，并复制轴线编号①和⑨至相应位置。

（2）置图层"地坪线"为当前，按照立面图线宽要求（地坪线可采用加粗实线，线宽为 $1.4b$），绘制地坪线。注：见《建筑制图统一标准》GB 50104—2010 中表 2.1.2 底部。

（3）置图层"轴线"为当前，根据①～⑨立面图中的标高，用命令 OFFSET，以地坪线为基准，依次向上偏移 450、3000、3000、3000 和 2200，如图 4-30 所示。

3. 绘制外墙轮廓线

置图层"外墙轮廓线"为当前，以建筑平面图为参照，逐层对照①～⑨轴线上的外墙立面变化，绘制外墙轮廓线，如图 4-31 所示。

4. 绘制屋顶

（1）绘制屋顶轮廓线

置图层"屋顶轮廓线"为当前，复制屋顶平面图至立面图对应位置。根据立面图中的标高，以檐口标高 9.000m 为基准，向上偏移 1100 和 1500，得到屋顶的水平定位线；再由屋顶平面图，绘制屋顶纵向定位线。分析屋顶几何关系，结合屋脊交点，确定屋顶轮廓线，如图 4-32 所示。

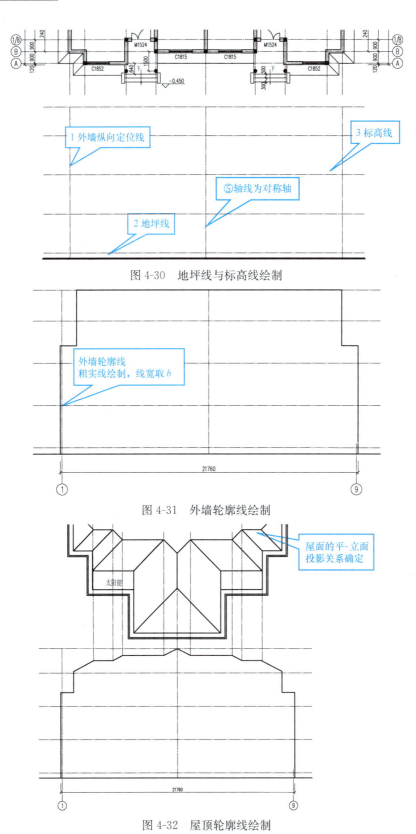

图 4-30　地坪线与标高线绘制

图 4-31　外墙轮廓线绘制

图 4-32　屋顶轮廓线绘制

（2）细化屋檐

置图层"建筑线条"为当前。依据檐口详图（图 4-29），将屋檐檐口轮廓线向下偏移 180、270、100，并结合屋檐立面特征，细化屋檐，结果如图 4-33 所示。

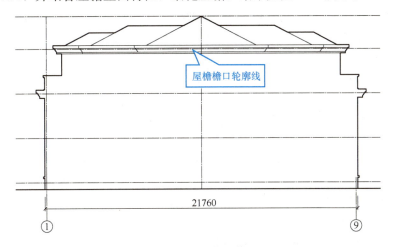

图 4-33 细化屋檐

5. 绘制门窗

（1）确定一层门窗的定位线、绘制门窗洞

置图层"辅助线"为当前，根据立面图中标高尺寸，以一层地面为基准，向上偏移 400 和 5200，得到 C1852 的水平定位线，向上偏移 900 和 1500，得到 C1815 的水平定位线；复制一层平面图至立面图投影对正位置，从中向立面图引出门窗竖向定位线，如图 4-34 所示；用命令 RECTANG 绘制门窗洞。

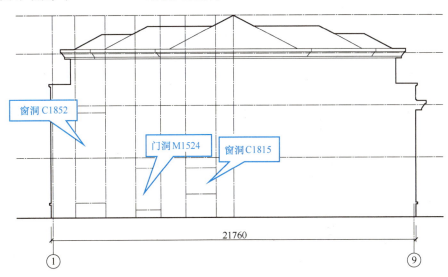

图 4-34 门窗洞口辅助线绘制

（2）绘制门窗图块

置图层"门窗"为当前，依据门窗统计表（表 4-4）及门窗大样图（图 4-28），用创

**121**

建块命令 BLOCK，逐一制作①～⑨立面图中所需的门、窗的图块，选取门、窗底部中点为图块的基点。关于图块的操作请见项目 6。

（3）插入一层门窗图块

置图层"门窗"为当前，根据一层平面图中标明的门窗信息，用插入块命令 IN-SERT，将门、窗图块中的 C1852、C1815 和 M1524 插入到立面图中指定位置，如图 4-35 所示。

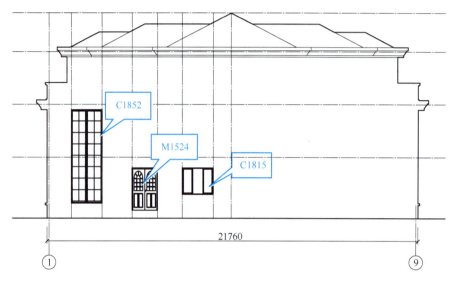

图 4-35　一层门窗绘制

（4）按照以上步骤（1）～（3），分别完成二层和三层的门窗洞口定位和门、窗图块插入，结果如图 4-36 所示。

图 4-36　门窗绘制

（5）绘制窗套

在①～⑨立面图中，M1524、C1215 和 C1815 使用了成品窗套。此时需要对该部分门、窗图块进行修改和更新。用块编辑器命令 BEDIT，选择要编辑的图块名称，按图 4-37 所示的样式修改图形（尺寸略）保存块定义，关闭块编辑器确认更改保存。此时，立面图中所引用的 M1524、C1215 和 C1815 图块，均同步更新，如图 4-38 所示。

6. 绘制看线（图 4-39）

（1）绘制三层露台及栏杆扶手定位线

置图层"辅助线"为当前，绘制露台

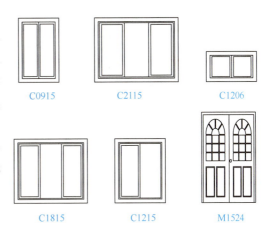

图 4-37 门窗样式的更改

及栏杆扶手，以三层地面标高为基准，向上偏移适当尺寸，得到露台及栏杆扶手水平定位线，根据①～⑨立面图中的图线位置比例关系，目测估计栏杆扶手竖直定位线。

图 4-38 更新门窗块

（2）处理露台及栏杆扶手与门窗的投影遮挡关系

置图层"门窗"为当前，锁定图层"阳台"选中立面图中存在遮挡部分的门窗，用分解命令 EXPLODE，将存在遮挡部分的门、窗图块分解，去除被遮挡部分，结果如图 4-40 所示。

7. 绘制装饰线条与材料图案填充

（1）置图层"建筑线条"为当前，依据线条详图中的尺寸信息，绘制装饰线条。

（2）以"GRAVL1"图案填充勒脚，象征"藏青色蘑菇石"，以"AR-B816"图案填充一、二层墙体，象征"砖红色劈裂砖"。

（3）置图层"屋顶"为当前，以"SHAKES1"图案填充屋面，象征"灰色水泥瓦屋面"。结果如图 4-41 所示。

图 4-39 墙体看线的绘制

图 4-40 露台及栏杆扶手绘制完成

8. 尺寸标注与标高、文字说明等

（1）置图层"标注"为当前，对立面图进行尺寸标注，补齐标高。

（2）置图层"文字"为当前，对立面进行文字注释，如图 4-42 所示。

9. 镜像，图名、轴线编号等补充完整

（1）将系统变量"MIRRTEXT"的值设为"0"，以保证镜像后的文字可读。

（2）以⑤轴为镜像轴，得到右半幅立面图。

（3）注写图名、轴线编号，完成了①～⑨立面图绘制任务。

灰色水泥瓦屋面

砖红色劈裂砖

藏青色蘑菇石

图 4-41　装饰线条绘制与材料图案填充

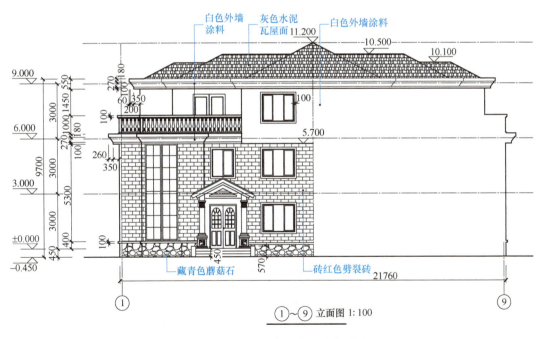

图 4-42　尺寸标注与标高、文字说明

[技能提升]

1. 立面图的准确、快速绘制需结合平面图与建筑详图进行。

2. 将门窗做成块，用块编辑器功能是实现图纸变更的高效手段。

3. 对对称图形的绘制，通常先绘制对称的一半，镜像得到另一半。

[操作练习]

绘制如图 4-43 所示的某别墅⑨～①立面图。

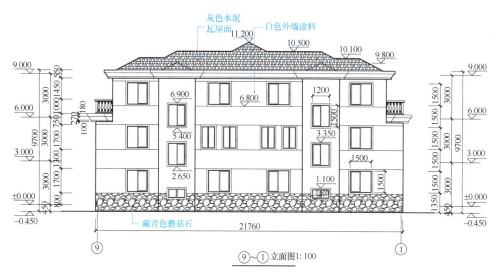

图 4-43　某别墅⑨～①立面图

## 任务 4.2.2　侧 立 面 图 绘 制

通过本任务的训练，将进一步巩固和提升绘制建筑施工图的技能和知识。

[任务描述]

绘制如图 4-44 所示的某别墅F～A立面图。图面要求准确规范。

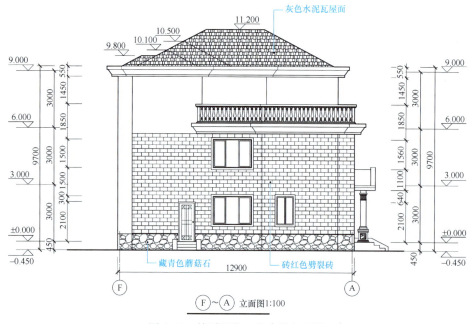

图 4-44　某别墅F～A建筑立面图

**任务条件：**

1. 门窗汇总表见表 4-6，门窗大样图如图 4-45 所示。

2. 立面图中所涉及各建筑构件细部大样图如图 4-29 所示。

3. 建筑首层平面图、二层平面图以及屋顶平面图（任务 4.4.1 成果及其操作练习图 4-11、任务 4.4.2 成果）。

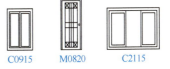

图 4-45　门窗大样图

表 4-6

门窗汇总表

| 编号 | 洞口尺寸（宽×高） | 材料 | 数量 | 所在图集及图纸编号 |
|---|---|---|---|---|
| M0820 | 800×2000 | 铝合金玻璃门 | 1 | |
| C0915 | 900×1500 | 铝合金玻璃窗 | 1 | |
| C2115 | 2100×1500 | 铝合金玻璃窗 | 2 | |

**［相关知识］**

1. 需具备投影知识和建筑识图能力。

2. 需了解熟悉相关标准：《房屋建筑制图统一标准》GB/T 50001—2010、《建筑制图统一标准》GB/T 50104—2010。

3. 门窗绘制使用图块功能，能大大提高绘图效率，并为后期深化设计带来方便。

**［技能要点］**

1. 建筑构件立面定位方法。

2. 屋顶平、立面图投影关系分析。

3. 门窗和阳台及栏杆的绘制理念。

**［任务实现］**

1. 增设图层

打开项目 1 绘制完成的"建筑平面图"，作为绘制侧立面图的基础。

2. 绘制地坪线和标高线

（1）置图层"轴线"为当前，将"一层平面图"顺时针旋转 90°为参照，用命令 PLINE，从Ⓕ～Ⓐ立面图中的两侧外墙纵向定位线引出，并复制轴线编号Ⓕ和Ⓐ至相应位置。

（2）置图层"地坪线"为当前，按照立面图线宽要求绘制。

（3）置图层"轴线"为当前，根据Ⓕ～Ⓐ立面图中的立面标高，用命令 OFFSET，以地坪线为基准，依次向上偏移 450、3000、3000、3000 和 2200。

（4）置图层"外墙轮廓线"为当前，以建筑平面图为参照，逐层对照Ⓐ～Ⓕ轴线上的外墙立面变化，绘制外墙轮廓线，如图 4-46 所示。

3. 绘制屋顶

（1）绘制屋顶轮廓线

置图层"屋顶轮廓线"为当前，复制屋顶平面图，顺时针旋转 90°移至立面图对应位置。根据立面图中的标高，以 11.200m 标高为基准，向下偏移 700mm、400mm、300mm 和 550mm，得到屋顶的水平定位线；再由屋顶平面图，绘制屋顶纵向定位线。分析屋顶

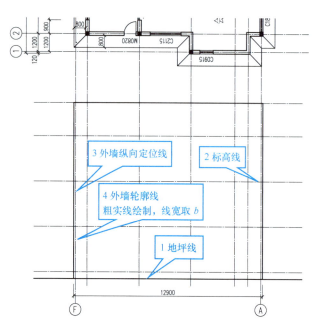

图 4-46　绘制地坪线、外墙

投影关系，确定屋顶轮廓线，如图 4-47 所示。

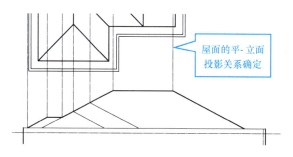

图 4-47　绘制屋顶轮廓线

（2）细化屋檐

细化屋檐，结果如图 4-48 所示。

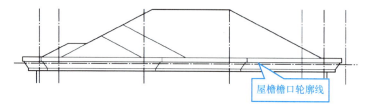

图 4-48　细化屋檐

4. 绘制门窗、台阶和雨篷（图 4-50）

（1）确定一层门窗的定位线、绘制门窗洞，如图 4-49 所示。

（2）绘制门窗图块 "M0820" "C2115" 和 "C0915"。

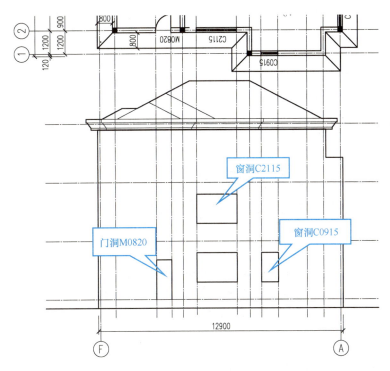

图 4-49　辅助线与门窗洞口

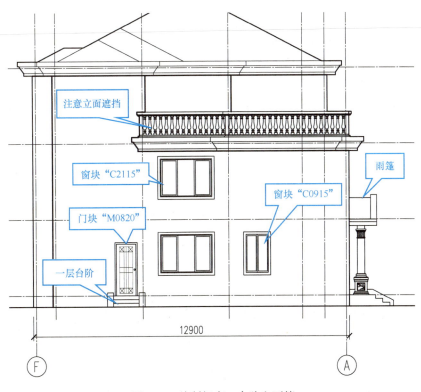

图 4-50　绘制门窗、台阶和雨篷

（3）插入一层门窗图块。

（4）按照以上步骤（1）～（3），分别完成二层和三层的门窗洞口定位和门窗大样图块插入。

（5）绘制台阶及雨篷。

（6）绘制露台及栏杆扶手。

5. 绘制装饰线条与材料图案填充，结果如图 4-51 所示。

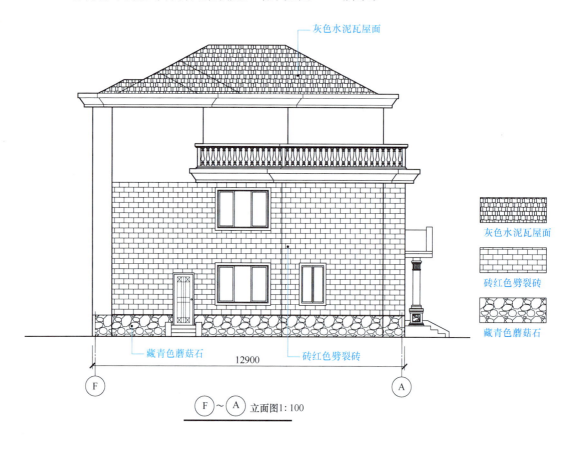

图 4-51　装饰线条绘制与材料图案填充

6. 尺寸标注与标高标注、轴线编号、绘制索引符号、文字说明、注写图名，完成Ⓕ～Ⓐ立面图绘制任务。

［技能提升］

1. 屋面的平-立面投影关系的分析能力是准确快速地绘制屋顶轮廓的重要基础。

2. 对于功能相同的图层，可以进行图层合并操作，以优化绘图环境。

［操作练习］

绘制如图 4-52 所示的某别墅Ⓐ～Ⓕ立面图。

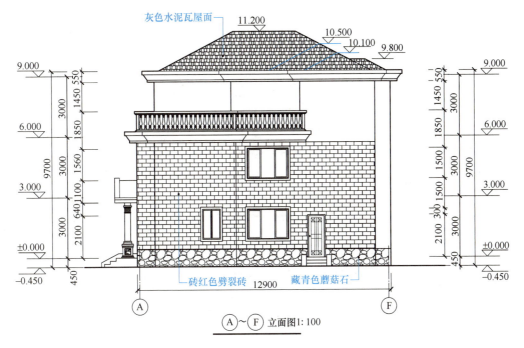

图 4-52  某别墅Ⓐ～Ⓕ立面图

## 任务 4.2.3  剖 面 图 绘 制

剖面图主要反映建筑物的内部结构形式、垂直空间利用以及各层构造做法等，是与平面图、立面图相互配合的不可或缺的建筑施工图样。

在完成平面图绘制和立面图绘制任务的基础上，通过本任务的训练，读者将学习到剖面图绘制方法和理念，同时将本项目中的 3 个任务融会贯通，有效地提升读者对建筑施工图的整体认知水平和绘制建施图的技能水平。

[任务描述]

绘制如图 4-53 所示的某别墅 1-1 剖面图，图面要求准确规范。

任务条件：

1. 门窗汇总表及门窗大样图（项目 4.2 任务 4.2.1 和任务 4.2.2 条件）。

2. 各建筑构件细部大样图如图 4-29 所示。

3. 建筑平面图（项目 4.1 任务 4.4.1 成果）、建筑立面图（项目 4.2 任务 4.2.1 和任务 4.2.2 成果）。

[相关知识]

1. 了解剖面图的画法和建筑剖面图的图示方法和内容。

2. 需了解熟悉相关标准：《房屋建筑制图统一标准》GB/T 50001—2010、《建筑制图统一标准》GB/T 50104—2010。

[技能要点]

1. 剖面图的画法特点和要求。

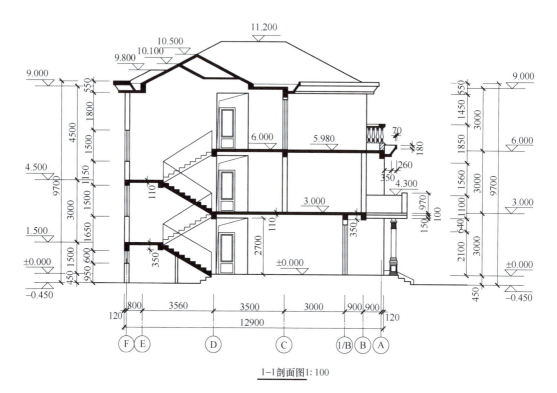

1-1剖面图1:100

图 4-53　某别墅 1-1 剖面图

2. 剖面图中楼梯绘制方法。

3. 屋面投影求解方法。

4-3 绘制建筑
剖面图

［任务实现］

1. 增设图层

打开任务 4.2.2 绘制完成的"建筑立面图"作为绘制剖面图的基础。
根据剖面图绘制需要，新增图层：楼面，线型 CONTINUOUS，线宽为 $b$。

2. 绘制地坪线和标高线

（1）置图层"轴线"为当前，以某别墅Ⓕ～Ⓐ立面图为参照，用命令 PLINE，从立
面图中引出标高线。

（2）并将一层平面图逆时针旋转 $90°$，布置在适当位置，沿剖切线截开，采用与绘制
立面图纵向定位线相同的方法，绘制剖面图的墙体定位轴线，并复制轴线号至相应位置。

（3）置图层"地坪"为当前，应注意室内外地坪之间存在高差。结果如图 4-54 所示。

3. 绘制墙体、楼板及门窗

（1）置图层"墙体轮廓线"为当前，对照剖面图绘制墙体轮廓线。

（2）置图层"楼面"为当前，根据剖面图中梁、板尺寸，绘制楼板轮廓线，并将被剖
切到的部分，用命令 HATCH 进行实体填充。

（3）置图层"门窗"为当前，根据剖面图中门窗尺寸，参考平面图中门窗绘制方法，
用命令 MLINE 绘制门窗。结果如图 4-55 所示。

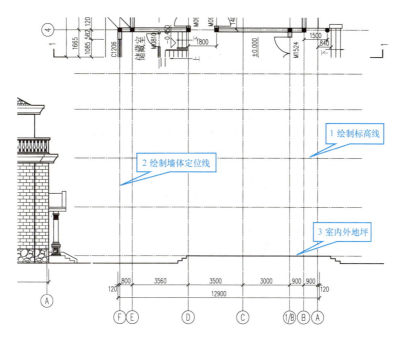

图 4-54　地坪线与标高线绘制

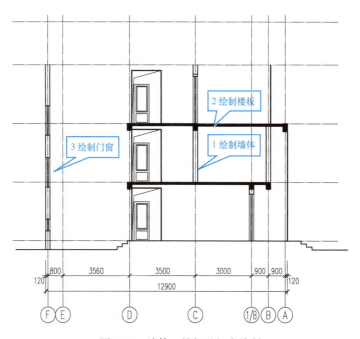

图 4-55　墙体、楼板及门窗绘制

4. 绘制楼梯

置图层"楼梯"为当前,根据剖面图中楼梯踏步尺寸、休息平台尺寸,用命令 PLINE 绘制楼梯踏步、栏杆扶手及休息平台。确保每一梯段多段线闭合。对剖切到的梯段和休息平台部分,用 HATCH 命令进行实体填充。结果如图 4-56 所示。

**133**

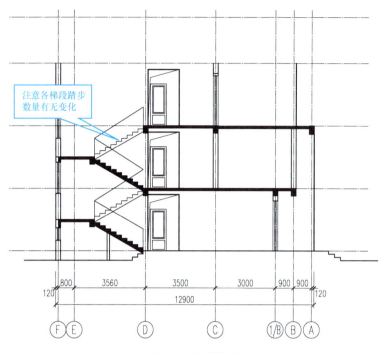

图 4-56 楼梯绘制

5. 绘制屋顶

置图层"屋顶"为当前，按照立面图屋顶绘制方法完成剖面图的屋顶绘制。由于 1-1 位置剖切，在屋顶的剖切面上，剖面图与屋顶平面图之间需满足投影关系。结果如图 4-57 所示。

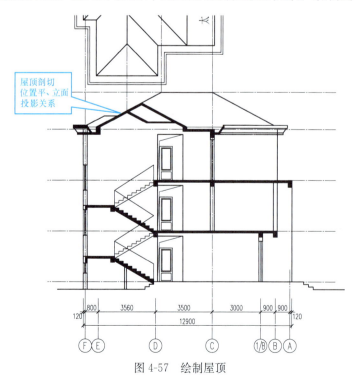

图 4-57 绘制屋顶

6.绘制未剖到的细节，如露台、窗台等

分别置图层"阳台""门窗"为当前，按照立面图绘制方法，完成未剖到部分及其细节的绘制。结果如图 4-58 所示。

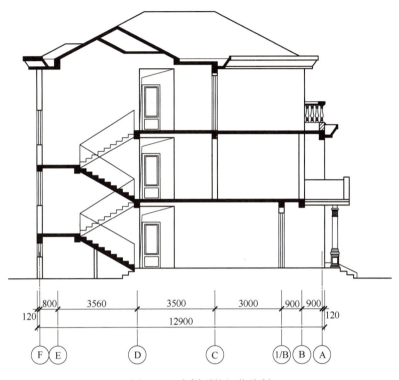

图 4-58  未剖到的细节绘制

7.尺寸与标高标注、轴线编号、文字说明等，完成 1-1 剖面图绘制任务。

[技能提升]

1.利用平、立面图与剖面图之间"高平齐、宽相等"的投影规律，是准确绘制剖面图基础。

2.对楼梯的绘制，使用阵列命令可以大幅提升绘图效率。

3.对屋顶的绘制，分析剖切部位的平、立面图投影关系是正确绘制屋顶剖切投影的保证。

[操作练习]

读者可自行选择一套完整的建筑施工图进行整套图纸的抄绘练习。练习过程中，需注意图面的规范正确，先识图，后抄绘，图面上的每一根线，每一个标识都有其存在意义，需仔细体会。

# 单元5 图 形 输 出

通常在图形绘制完成后，需要将其打印于图纸上或者输出为其他格式电子文档，这样方便土建工程师、室内装饰设计师参照和交流，尤其是建筑现场往往按图纸施工；另外，对一个项目的图纸组织也是个重要的技术工作。因此，图形输出在实际技术工程中具有重要意义。

本单元对图形输出的常用技巧和方法展开实训。

图样是施工现场的技术依据，任何图样打印不规范、没有按要求提交图纸或因出图打印工作量大而出现部分图纸缺失等细节问题，均会导致建筑现场无法正常施工，严重的可能需要重新返工，造成人力物力财力不必要的耗损。由此可见，在本单元学习中需强调图样打印的规范性和整体性，工作的细致性和专业性。

## 项目5.1 布 局 设 置

用中望CAD进行设计制图时，无论图形的大小如何，均在模型空间中按对象实际尺寸大小，即用1：1的比例绘图；利用中望CAD的图纸空间的布局形式可打印输出成不同比例的图纸或文档，因此对布局的操作是中望CAD应用的一个不可或缺的重要技能，必须掌握。

### 任务5.1.1 创建和管理布局

每个布局都代表一张单独的打印输出图纸。在中望CAD中，可以创建多个布局，继而在某个布局中可以创建多个视口，激活某个视口（浮动视口，就进入了浮动模型空间）后，可以调整视图的显示比例。因此，一个布局中能组织模型空间中的图形不同的区域，以不同比例组合起来，满足了工程图样出图需求。

[任务描述]

本任务要求创建名为"A3"的新布局，如图5-1所示。

[相关知识]

1. 相关概念

（1）模型空间（平铺）：创建和编辑图形的二维、三维环境，是用户完成绘图和设计的工作空间，本教材前面各项目所进行的实训任务都是在模型空间的平铺视口中完成。

（2）图纸空间：模拟一张图纸的环境，模拟图纸样式以布局形式出现，是二维图形环境，可以在绘图之前或之后安排图形的输出布局。

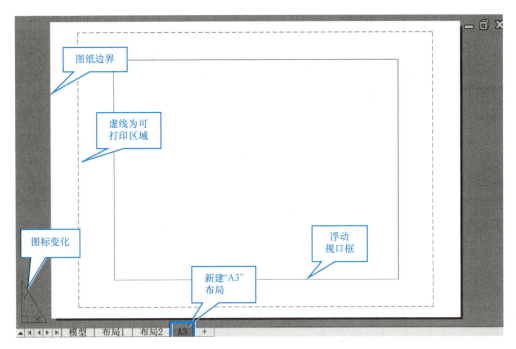

图 5-1   "A3" 布局

（3）布局：布局是把在模型空间绘制的图形模拟打印在图纸上的效果进行调整、排版的过程。模型空间只有一个，但是可以创建多个布局图，以便在不同图纸中以不同比例分别打印图形的不同部分。

（4）模型空间（浮动）：图纸空间中也可以创建视口，称为浮动视口。与平铺视口不同，浮动视口是一个普通对象，可以重叠，也可以对其进行编辑，如移动、复制和调整大小等。

2. 模型空间与图纸空间的切换：单击绘图区左下角的"模型"选项卡或"布局"选项卡，即可进入对应的空间。

［技能要点］

1. 利用向导创建、管理布局，进行布局重命名。

2. 关键命令是 LAYOUT。

［任务实现］

1. 新建文件

以"无样板打开-公制"形式新建文件。

2. 创建布局

创建布局主要有以下四种方法：

（1）菜单：单击"插入（I）"→单击"布局（L）"→单击 新建布局(N) 或单击 " 来自样板的布局(T)... "，如图 5-2 所示。

（2）布局选项卡→鼠标右击出现"布局的快捷菜单"→单击" 新建(N) "或单击" 来自模板(T)... "，如图 5-3 所示。

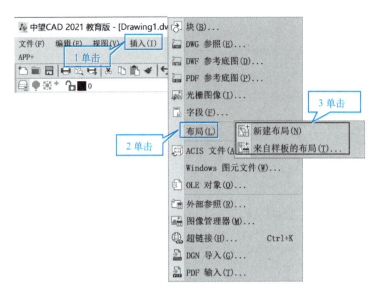

图 5-2　创建布局方法一

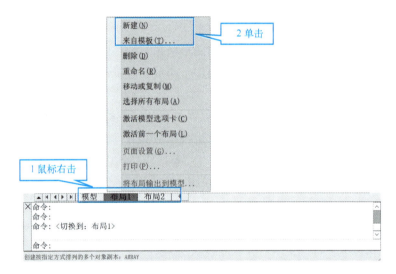

图 5-3　创建布局方法二

（3）菜单栏空白处鼠标右击选择"ZWCAD"➜单击"布局"➜单击"新建布局 [图] "或"来自样板的布局 [图] "，如图 5-4 所示。

（4）命令：输入 LAYOUT 命令➜输入"新建（N）"或"模板（T）"命令，如图 5-5 所示。

通过上述方法，可创建新布局，名为"布局 3"。如图 5-6 所示。

3. 布局更名

单击布局选项卡中"布局 3"➜鼠标右击➜单击" 重命名(R) "，或者鼠标双击"布局 3"，"重命名布局"中输入"A3"，更改布局名称，单击"确认"。如图 5-7 所示。

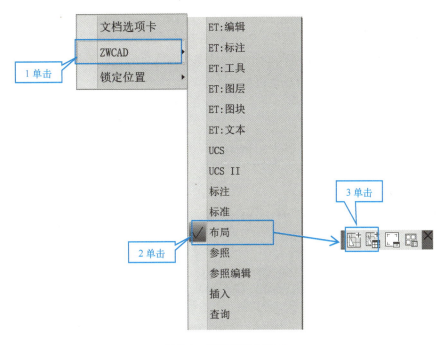

图 5-4  创建布局方法三

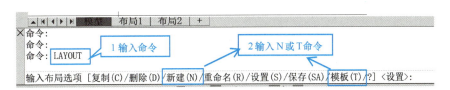

图 5-5  创建布局方法四

图 5-6  创建新布局

图 5-7  重命名布局

4. 管理布局

创建布局之后，选择屏幕左下角 "A3" 选项卡，单击鼠标右键即可出现选项卡的管理菜单，如图 5-8 所示，可根据需要选择相应选项对所选布局进行 "删除" "移动和复制" "页面设置" 等设置与管理。

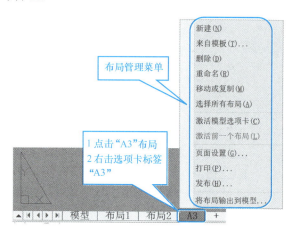

布局管理菜单

1 点击 "A3" 布局
2 右击选项卡标签 "A3"

图 5-8　布局管理菜单

[技能提升]

1. 在中望 CAD 的布局中，默认为单个矩形视口。可以在一个布局中设置多个、非矩形视口："视图"选项卡→"视口"功能区，有矩形视口、多边形视口、对象视口、裁剪等，可根据需要对布局视口进行设置。

2. 图纸空间可分为纯图纸空间和图纸模型空间。在纯图纸空间绘制的图形，模型空间不能显示，而进入图纸模型空间绘制的图，模型空间可同步显示。

3. 可把模型空间看成为一个具体的景物，而把布局视为该景物拍摄的照片，景物只有一个，而照片可有多张。可认为图纸模型空间是为景物选择取景框，纯图纸空间就是一种定格。照片可以是局部照，也可以是全景照；可以放大，也可以缩小。

[操作练习]

创建名为 "建筑施工图" 的新布局，并在该布局中新建一个多边形视口。

### 任务 5.1.2　布局的页面设置

页面设置就是打印设备和其他影响最终输出外观以及格式的所有设置集合，打印之前要根据具体需要对布局进行页面设置，保证图形输出的正确性以达到最佳打印效果。

[任务描述]

本任务要求对 "任务 5.1.1" 中所创建的新布局 "A3" 进行页面设置，要求如下：

1. 打印机：DWG to PDF. pc5。

2. 图纸规格：ISO A3（420.00×297.00 毫米）。

3. 打印样式表：Monochrome. ctb。

4. 打印区域：布局。

5. 图形方向：横向。

[相关知识]

使用"页面设置管理器"将一个布局设置后，可以保存并命名此布局的页面设置，然后将修改好的页面设置应用到其他布局或者其他的图形文件中。

[技能要点]

1. 根据图纸要求进行布局页面设置。

2. 关键命令是 PAGESETUP。

[任务实现]

1. 打开布局的页面设置

右键单击屏幕左下角"布局"选项卡➡单击 页面设置(G)... ➡页面设置管理器，如图 5-9 所示。

图 5-9　页面设置管理器

2. 单击 修改(M)... 按钮后，从打开的"打印设置"对话框中进行相关设置，如图 5-10 所示。

（1）打印机/绘图仪：从下拉列表中选择"DWG to PDF. pc5"虚拟打印机。

（2）图纸尺寸：从下拉列表中选择 ISO A3（420.00×297.00 毫米）。

（3）打印样式表：从下拉列表中选择 Monochrome. ctb。

（4）打印范围：从下拉列表中选择"布局"即按照创建时所选区域打印。

（5）图形方向：横向。

（6）预览：预览打印效果。

（7）确定：完成页面设置。

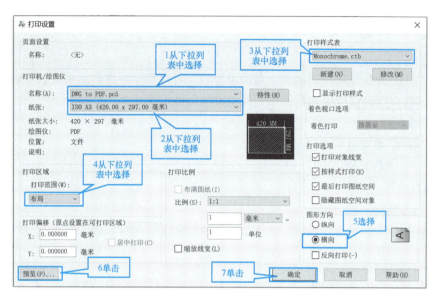

图 5-10　打印设置对话框

[技能提升]

1. 新建页面设置

（1）执行 PAGESETUP 命令，打开如图 5-9 所示"页面设置管理器"对话框。

（2）在对话框中单击 新建(N)... 按钮，将显示"新页面设置"对话框，如图 5-11 所示。

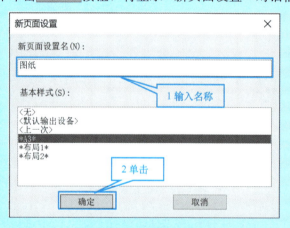

图 5-11　新页面设置对话框

① 在"新页面设置名(N)"文本框中输入页面设置名称：图纸。

② 单击 确定 按钮，打开如图 5-10 所示内容一致的页面设置对话框，依照之前所介绍方法按照图纸要求完成设置。

2. 当同一个 CAD 文件中需要输出相同页面设置的不同图形，可以打开图 5-9 所示"页面设置管理器"，在已经完成设置的名称中选择符合要求的页面设置，单击 置为当前(S) 即可完成设置。

[操作练习]

将"任务 5.1.1"中操作练习所创建的"建筑施工图"布局进行页面设置，并进行预览，要求如下：

1. 打印机：DWG to PDF.pc5。
2. 图纸规格：ISO A2（594.00×420.00 毫米）。
3. 打印样式表：Monochrome.ctb。
4. 打印区域：布局。
5. 图形方向：横向。

### 任务 5.1.3　创建 A3 图纸布局样板

中望 CAD 本身自带了一些布局样板，供用户选用，默认的布局样板文件的扩展名为".dwt"，同时用户也可以根据图形输出需要创建自己的布局样板文件。样板文件可以被其他图形文件所引用，这样提高了绘图效率并保证了图形输出的一致性。

本任务的成果为后期任务中打印输出时所引用。

[任务描述]

本任务要求在"任务 5.1.1"和"任务 5.1.2"中完成的"A3"布局中绘制 GB-A3 图纸，如图 5-12 所示（图中将标题栏放大了一倍，以图示清晰），其中将标题栏定义为属性块（参见单元 6，本任务略）。完成后将文件命名为"A3 图纸.dwt"保存在"Template"文件夹中。

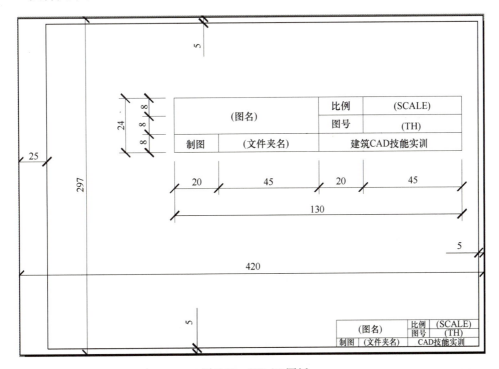

图 5-12　GB-A3 图纸

[相关知识]

1.《房屋建筑制图统一标准》GB/T 50001—2017 中关于图纸的规定。

2. 属性块的制作与插入（详见单元 6）。

5-1　创建A3
图纸布局

[技能要点]

1. 绘制 GB-A3 图纸后按指定路径保存为样板文件。

2. 关键命令是 QSAVE。

[任务实现]

1. 完成"任务 5.1.2"后，进入"A3"布局。

2. 在"0"层中绘制 A3 图幅的图纸边界和图框，将图框的线宽改为 0.7。

3. 制作和插入标题栏属性块，具体过程详见单元 6 的任务 6.1.2。

4. 保存为样板文件。

执行命令 QSAVE →打开"图形另存为"对话框，如图 5-13 所示。

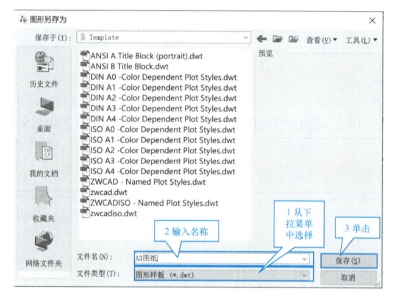

图 5-13　"图形另存为"对话框

（1）在"文件类型"下拉列表中选择"图形样板（＊.dwt）"，中望 CAD 自动保存为"Template"目录中，即默认样板文件夹中。

（2）在"文件名"的文字编辑框中输入"A3 图纸"。

（3）单击 保存(S) 按钮，在出现的"样板选项"中根据需要输入说明文字及其他选项。

[技能提升]

1. 打开"A3 图纸"样板文件。新建文件时可在打开的"选择样板"对话框中直接调用"A3 图纸"。

2. 可将所有绘制的图线、文字和属性定义成图块，这样在调用该布局样板文件时只需双击属性即可修改为所需要的内容，以满足不同图样的需求。

［操作练习］

创建 A2 图幅布局，绘制 GB-A2 图纸，保存为"A2 图纸"样板文件。

# 项目 5.2 打 印 设 置

绘制好图形后，通常需要将其打印到图纸上或发布到互联网上。打印时，可以打印图形的单一视图或复杂的排列视图，也可以打印一个或多个视口，还可以选择打印的内容以及图形在图纸上的布置。然而，打印前通常需进行页面设置和打印设置，这样才能保证图形输出的正确性。

## 任务 5.2.1　配置打印机和创建打印样式

打印样式决定了打印外观，包括对象的线型、线宽和颜色等基本属性，因此配置打印机和创建打印样式是一项重要技能。

［任务描述］

本任务需完成打印图形的打印机设置和创建打印样式。要求是：

1. 打印机：ZWCAD PDF（Smallest File）.pc5。

2. 打印样式：黑白色出图，线宽和线型同对象属性。

［相关知识］

1. 设置中望 CAD 输出设备。

2. 根据图形输出要求编辑或创建打印样式。

［技能要点］

1. 根据出图颜色和线型的要求进行打印样式管理。

2. 关键命令是：PLOT、PRINT、OPTIONS。

［任务实现］

1. 任意方法新建"无样板打开-公制"文件。

2. 设置默认打印机

菜单：工具→打开"选项"对话框→打印，具体设置如图 5-14 所示。

新图形的默认打印设置：从下拉菜单中选择"ZWCAD PDF（Smallest File）.pc5"。

3. 新建或编辑打印样式表

新建打印样式表：继续在图 5-14 单击按钮"新建或编辑打印样式表"→打开"Print-style"文件夹→单击"添加打印机样式向导"→选择" ⦿ 使用一个已经存在的打印样式表(E) "→单击"下一页"→单击 浏览(W)… →选择"zwcad.ctb"→单击"下一页"→输入"打印样式表名字"，如"123"→单击"下一页"→单击 打印样式编辑器(E)… ，进行样式设置→单击 完成 。而后输入"PLOT"命令，单击"打印样式表"，就可选择新建"123.ctb"，具体设置如图 5-15 所示。如要删除新建打印样式，于"Printstyle"文件夹中，删除"123.ctb"。

编辑打印样式表：

（1）双击图 5-16"Printstyle"中的"zwcad.ctb"文件。

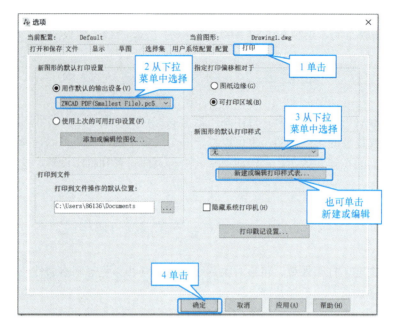

图 5-14　"选项"对话框

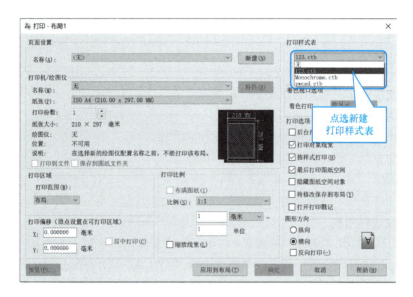

图 5-15　新建打印样式

图 5-16　"Printstyle"文件夹

（2）打开图 5-17 所示"打印样式表编辑器"→"表格视图"，选中"打印样式"中的所有颜色，在右侧"颜色"下拉菜单中选择"黑色"，在"线宽"和"线型"中选择"使用对象线宽"，单击 ◻确定◻ 按钮。

（3）返回到图 5-14 界面，单击 ◻确定◻ 按钮保存设置。

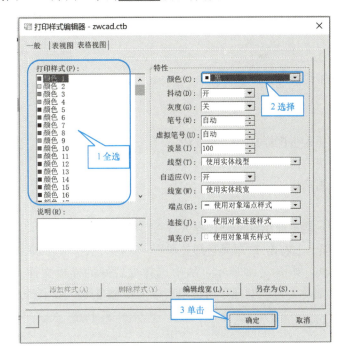

图 5-17　打印样式表编辑器

［技能提升］

　　此任务中主要是对中望 CAD 自带的打印机和打印样式表进行有针对性地选择、新建及编辑，在实践过程中往往会添加新的绘图仪和打印样式表。添加绘图仪：

（1）菜单→文件→绘图仪管理器→添加绘图仪向导。

（2）根据添加绘图仪向导提示的内容逐步完成新绘图仪的添加与设置：开始→网络绘图仪→系统打印机→绘图仪型号→选择驱动程序→端口→绘图仪名称→完成。

［操作练习］

通过打印样式设置，将出图颜色统一设置为"红色"，线宽设置为"0.5mm"，同时设置打印机，最后进行打印预览。

### 任务 5.2.2　布局打印建施图

　　中望 CAD 的图形打印通常在布局选项卡中，布局选项卡中可显示实际打印的内容，还可以存储页面设置，包括打印设备、打印样式表、打印区域、打印偏移、图纸大小和缩放比例等。当一个 DWG 有多张图纸同时需要打印时，可以利用智能打印出图，能很好节省时间，提高出图效率。

［任务描述］

本任务利用任务 5.1.3 的布局"A3 图纸"成果，将任务 1.1.3 的图 1-19"建施图.dwg"文件中的"一层平面图"出图打印，通过对布局选项卡的打印设置，用 1∶100 的比例打印输出。利用智能打印在同一布局将"一层平面图"和"二层平面图"同时出图打印成一个 PDF 文件。

［相关知识］

1. 布局选项卡中打印的一般流程。

2. 智能打印出图设置的一般流程。

［技能要点］

1. 图形文件中插入引用样板布局的方法。

2. 打印边界设置。

3. 智能打印出图流程。

［任务实现］

1. 打开文件"一层平面图.dwg"，导入"A3 图纸"布局。

在任一布局选项卡上右击➡"布局管理菜单"➡选择"从样板（T）…"➡打开"从文件选择样板"对话框，如图 5-18 所示，从中选择设置好的样板文件"A3 图纸"，单击"打开"并确定布局名称。可以发现布局选项卡多了一个布局"A3 图纸"。

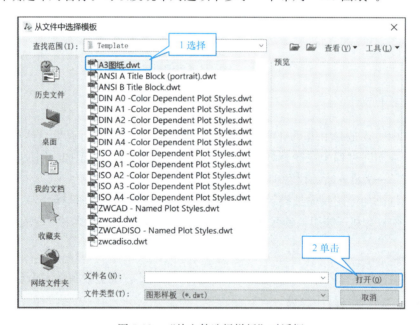

图 5-18　"从文件选择样板"对话框

2. 开设一个图层名为"视口"，并将其设为"禁止打印"后设置为当前图层。

3. 开设一个视口，布满 A3 图框

菜单➡视图➡视口➡一个视口➡到绘图区中拾取图框的两对角点。结果模型空间中的所有图形自动显示在视口中。

4. 调整图形位置和比例

在视口内任意位置双击，即激活了当前视口，用图形显示控制命令调整图形位置和比例。但调整比例的更好方法是：菜单➝单击"工具"➝单击"对象特性管理器"➝在"标准比例"中下拉列表选择"1：100"，在"对象特性管理器"的"线型比例"输入 1，如图 5-19 所示，调整好后在"对象特性管理器"中的"显示锁定"下拉列表选择"是"按钮，锁定视口。

5. 修改标题栏属性

双节任一属性，依次更改为所需文字。

6. 布局打印

打开打印设置对话框，菜单➝文件➝打印，如图 5-20 所示。

（1）设置打印边界：单击"特性"设置打印机的打印区域，如图 5-21 所示。

（2）打印样式表：选择已设置好的默认"Monochrome.ctb"，如果有需要修改的内容可单击旁边的按钮，即打开 修改(I) 进行编辑修改，若要新建，也可单击 新建(N) 。

图 5-19 调整比例和锁定视口

（3）打印区域：需要打印当前布局所示图形，所以选择 布局 ∨ 。

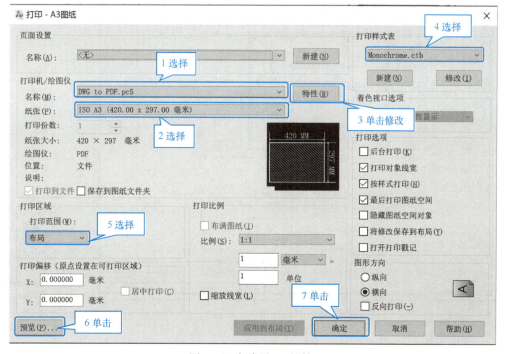

图 5-20 打印设置对话框

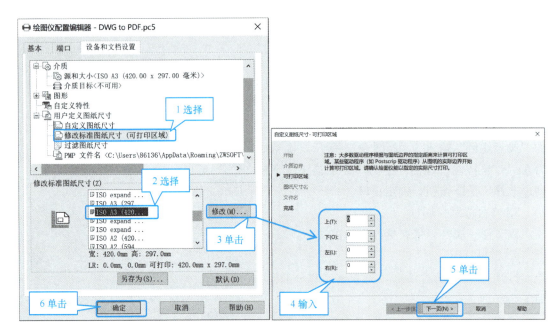

图 5-21　绘图仪配置编辑

（4）预览：单击 预览(P)... ，如图 5-22 所示，如满足要求即可单击 确定 按钮进行打印。

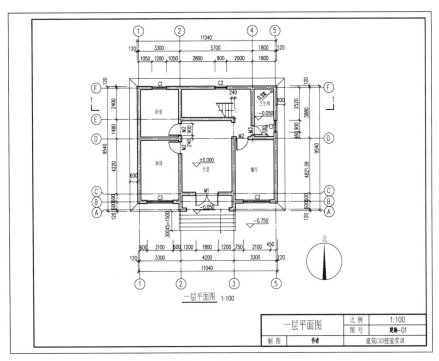

一层平面图　1:100

| 一层平面图 | 比 例 | 1:100 |
| | 图 号 | 建施-01 |
| 制 图 | 作者 | 建筑CAD技能实训 |

5-2 打印设置及
PDF输出

图 5-22　打印预览

7. 智能打印

利用中望CAD智能打印功能，可以在一个布局中打印多张图纸。

（1）打印区域和图纸背景设置：执行 OPTIONS 命令 →"显示"标签→选择"**显示可打印区域**"和"**显示图纸背景**"→"确定"，如图 5-23 所示。

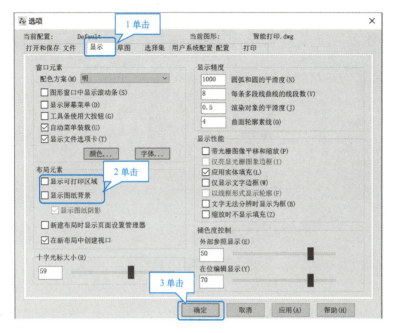

图 5-23 打印区域和图纸背景

（2）在一个布局中，生成两个视口，一个视口布置"一层平面图"，另一个视口布置"二层平面图"。调整好打印比例 1∶100，锁定视口。如图 5-24 所示。

（3）开设图层，取名"图纸边界"，绘制图纸边界矩形框（这里是 A3 图幅），如图 5-24 所示。

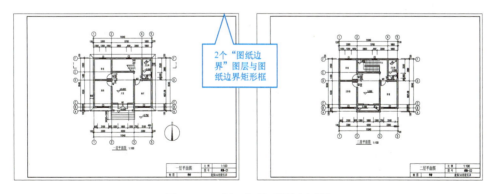

图 5-24 2 视口与其"图纸边界"

（4）菜单：文件→智能打印→"ZWCAD 智能打印工具"→"ZWCAD 智能打印工具"对话框，进行相关批量出图设置，如图 5-25 所示。

第 5 步，复选"多页打印"，可将"一层平面图"和"二层平面图"打印成一个 PDF 文档，否则将分别打印出 2 个 PDF 文档。

5-3 智能打印

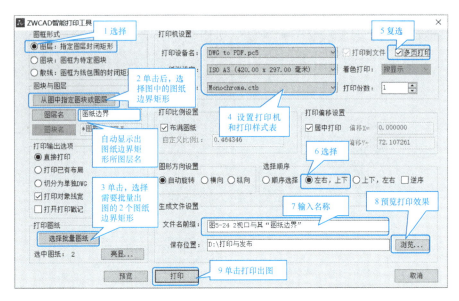

图 5-25　智能打印设置

[技能提升]

1. 打印区域：打印范围的选择除【布局】外还有三种选择，可根据图纸需求选择。

（1）【窗口】打印设定的打印区域。选择此选项后，CAD 系统将提示用户设置需要打印区域的两个对角点。

（2）【范围】打印当前图样中所有已经绘制的图形对象。

（3）【显示】打印当前窗口显示的图形。

2. 布局中的几个特殊控制

（1）隐藏视口线

隐藏视口线图层可将视口线的颜色设置为 255 号，即在打印时为无色。

（2）视口中图层的控制

鼠标双击当前视口进入图纸空间中的模型空间，打开图层特性管理器，选中要在当前视口中冻结的图层，在"在当前视口中冻结"。

（3）三维消隐打印功能

在三维模型打印出图时，选中要消隐打印的视口（单击视口线），打开特性管理器，在选项"着色打印"中选择"消隐"，即可消隐出图。如图 5-26 所示。

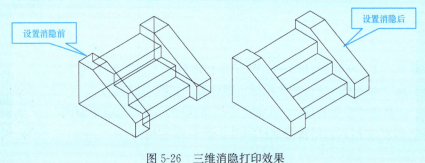

图 5-26　三维消隐打印效果

[操作练习]

1. 用布局打印的方法打印导入"A3 图纸"样板文件并出图任务 1.1.3 中图 1-19 建施图的屋顶平面图，A3 图纸、横向，并进行打印预览。

2. 通过智能打印将任务 1.1.3 中图 1-19 建施图的所有图纸合并成一个 PDF 出图，文件名命名为"建施图"。

## 任务 5.2.3  输出不同格式图形文件

由于互联网使用得日益广泛，利用互联网进行设计和交流成为发展的趋势，为了能够在互联网上显示中望 CAD 图形，采用了一种称为 DWF（Drawing Web Format）的文件格式，这是一种"电子图形文件"，能在互联网上发布，除此之外，中望 CAD 还提供了很多常用格式的输出，使得查看 CAD 文件更为方便快捷。

[任务描述]

本任务要求在插入 A3 图框的"一层平面图"的图纸空间中完成。

1. 将"一层平面图 .dwg"输出为 PDF 文件。

2. 将"一层平面图 .dwg"输出为 DWF 文件。

3. 将"一层平面图 .dwg"输出为高清图片。

[相关知识]

1. DWG 文件输出为 PDF 文件。

2. DWG 文件输出为 DWF 文件。

3. DWG 文件输出为高清图片。

[技能要点]

1. DWG 文件输出不同格式的技巧与应用。

2. 关键命令是 EXPORT、PLOT。

[任务实现]

1. 将"一层平面图 .dwg"输出为 PDF 文件

（1）进入布局空间"A3 图纸"。

（2）菜单→单击"文件"→选择"打印"→确认打印信息→预览图纸确认无误，点击 确定 ，如图 5-27 所示。

（3）选择保存的路径，输入文件名称。

可以用 PDF 阅读器查看"一层平面图 .pdf"文件。

2. 将"一层平面图 .dwg"输出为 DWF 文件

打开"输出"选项：菜单→单击"文件"→选择"输出"。

将"一层平面图"输出为 DWF 文件，在选择输出文件类型下拉列表中，选择"DWF"格式文件，如图 5-28 所示。

3. 将"一层平面图 .dwg"输出为高清图片

（1）打开"绘图仪管理器"，菜单→文件→绘图仪管理器→双击"添加绘图仪向导"，如图 5-29 所示。

153

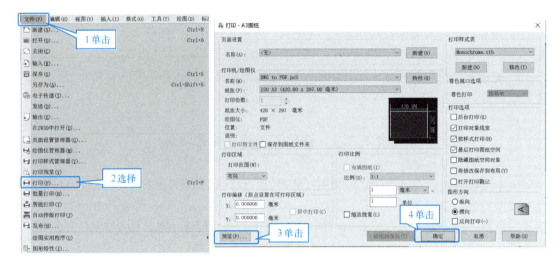

图 5-27　输出为 PDF 文件

（2）添加绘图仪及自定义图纸尺寸：使用"添加绘图仪向导"按照图 5-30～图 5-35 所示步骤完成"TIF.Pc5"虚拟绘图仪的添加及编辑。

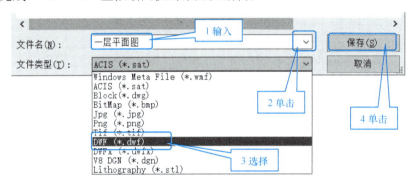

图 5-28　输出 DWF 格式文件

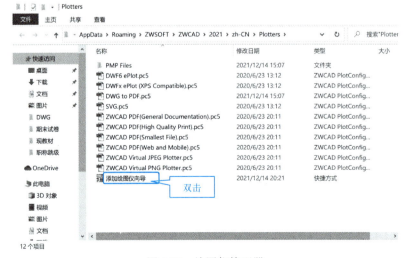

图 5-29　绘图仪管理器

图 5-30 添加绘图仪——简介

图 5-31 添加绘图仪——开始

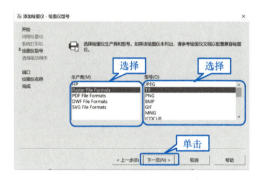

图 5-32 添加绘图仪——型号

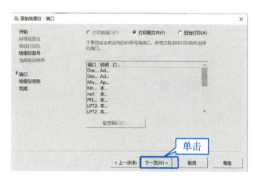

图 5-33 添加绘图仪——端口

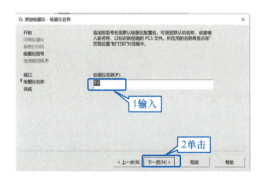

图 5-34 添加绘图仪——名称

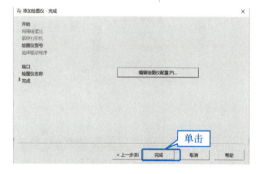

图 5-35 添加绘图仪——完成

（3）打开"打印设置"对话框，菜单→文件→打印，如图 5-36 所示进行设置。

① 打印机/绘图仪：点击选择"TIF. Pc5"打印机，如图 5-36 所示。

② 图纸尺寸：点击选择自定义的图纸尺寸"Sun Hi-Res（1600.00×1280.00 像素）"。

③ 打印区域：使用"窗口"选择打印范围，选择外图框线的对角点。

④ 打印样式表：如果是黑白打印，点击选择之前设置好的默认样式表"Monochrome. ctb"。

（4）打印设置完成后单击 确定 ，生成高清图片文件"一层平面图 . tif"。三种格式文件如图 5-37 所示。

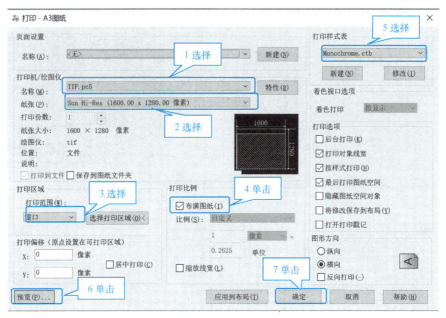

图 5-36 虚拟打印设置

图 5-37 输出三种格式文件

[技能提升]

DWF 文件不能替代原有的 CAD 格式，如 DWG。可以查看、标记和打印 DWF 图形，但 DWF 不能修改原始图形，是一种不可编辑的安全的文件格式，设计者如若需要编辑和更新设计数据仍然需要于原始文件进行修改。

[操作练习]

将本项目任务 5.2.2 完成的练习"二层平面图.dwg"分别输出为 PDF 文件、DWF文件和高清图片。

# 单元 6  建 筑 协 同 设 计

建筑工程项目一般是非常复杂的，往往需要很多不同专业、不同区域的设计人员共同参与，他们之间的设计成果需要共享资源，彼此参考、相互借鉴，因此必须协同、组织和管理各设计人员之间的图形和共享 CAD 数据资源。CAD 系统有许多高级功能，能满足协同建筑设计需求。

本单元对图块、外部参照和设计中心等使用展开实训。

本单元是 CAD 的高级功能，解决信息资源整合与共享，这是处理大工程团队协作的需要，体现了团队和谐合作精神，展现了专业成果积累素养。

## 项目 6.1  使 用 图 块

在绘图中经常会遇到反复地使用同一个图形的现象，如建筑图的门、窗等。由于这些对象的结构形状相同，只是尺寸有所不同，因而作图时常常将他们定义为一个块。

图块是用一个"图块名"命名的一组图形实体，其中的各个实体均有各自的图层、线型、颜色等特征，块被 CAD 当作单一的实体来处理。因此，使用图块可以大大提高工作效率，主要体现在四点：①建立块图形库；②节省磁盘空间；③便于修改图形；④携带非图形信息。

### 任务 6.1.1  创建窗块及其设计更改

窗是建筑中的常见构件，可以视为一种族类，在建筑立面图中通常将窗构件定义为图块，如果要改变窗的类型，只需将窗块重定义即可，实现了对方案不断更改、完善的目的。

[任务描述]

本任务针对窗户作设计更改，更改前后的窗户大样图如图 6-1 和图 6-2 所示，完成从图 6-1 到图 6-2 的绘制（只需绘制图形）。

[相关知识]

1. 平面图形的绘制方法、建筑图对线宽组要求。

2. 建筑 CAD 绘图的一般流程，图形的绘制与编辑，管理图层。

[技能要点]

1. 块的定义与更改、块的插入。

2. 关键命令有：BLOCK、WBLOCK、INSERT。

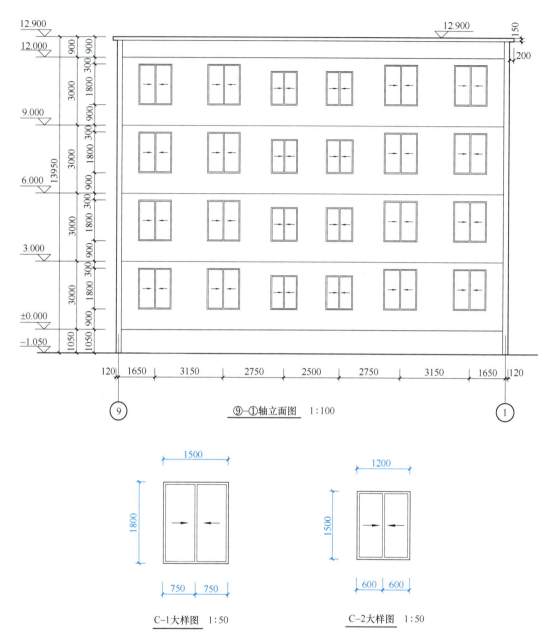

图 6-1　更改前的立面图

[任务实现]

1. 开设图层

开设适当数量的图层，并对每层的线宽、线型、颜色等属性进行设置。

2. 绘制构建轮廓

绘制完成除窗户外的所有图线：地坪线、定位轴线、外墙的轮廓线、凹凸廓线、各层的楼面线。

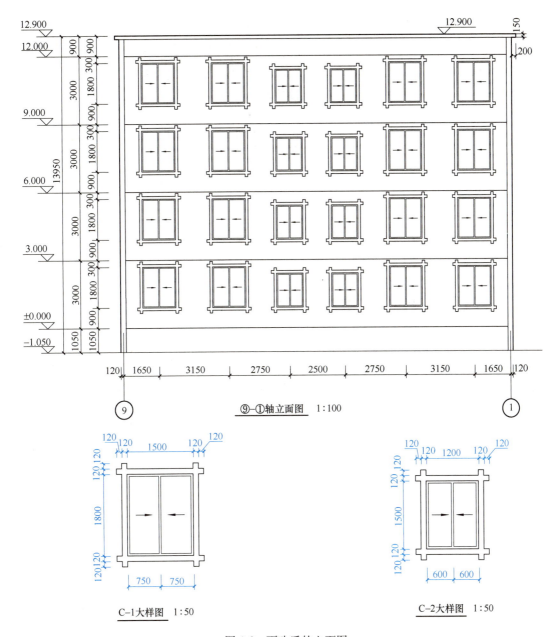

⑨–①轴立面图　1:100

C–1大样图　1:50　　　　　　　　C–2大样图　1:50

图 6-2　更改后的立面图

### 3. 定义两个窗图块

(1) 绘制"C-1"窗户更改前的图形，如图 6-1 所示。

(2) 创建窗图块"C-1"。

执行命令 BLOCK，中望 CAD 打开"块定义"对话框。

(3) "块定义"对话框的设置如图 6-3 所示。

① 在"名称"下拉列表框输入块名"C-1"。

② 在"对象"选项区中选择"转换为块"单选按钮，再单击"选择对象"按钮 ，

6-1 窗块及其设计
更改

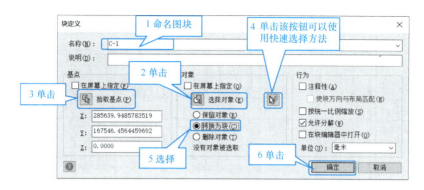

图 6-3  "块定义"对话框设置

选择 C-1 窗户所有图形，按【↵】键返回到"块定义"对话框。

③ 在"基点"选项区单击"拾取点"按钮 ⧉，然后拾取窗户底部中点，确定了基点的位置。

④ 设置完毕，单击按钮 ⬚确定⬚ ，完成块定义。

（4）同样方法创建窗图块"C-2"。

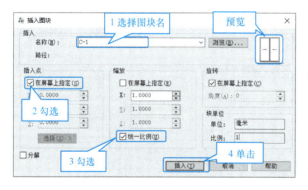

图 6-4  设置"插入"图块对话框

目标点，块已插入。

5．同样方法插入窗图块"C-2"

6．复制图块

执行 COPY 命令复制图块"C-1"和"C-2"，完成所有窗户的绘制，也完成了窗户更改前图 6-1 的绘制。

7．设计更改

（1）编辑、绘制"C-1"窗户更改后的图形，如图 6-2 所示。

（2）重新定义图块"C-1"，执行 BLOCK 命令，在"块定义"对话框中选择已有名称"C-1"，其他操作类似于图 6-3。

（3）单击按钮 ⬚确定⬚ 后，在弹出的"块"对话框中，单击按钮 ⬚是(Y)⬚ ，如图 6-5 所示，结果所有引用此块的实例得到更新。

4．插入窗图块"C-1"

（1）单击功能选项卡"插入"→单击"块"功能区中的"插入"按钮 ⧉插入 →弹出"插入图块"对话框。

（2）对弹出的"插入图块"图块对话框进行设置：找到并选择要插入的内部图块"C-1"，对其他参数做些设置，最后单击按钮 ⬚插入(I)⬚ ，如图 6-4 所示。

（3）在返回的绘图中拾取插入的

图 6-5  块重新定义对话框

（4）同样方法处理图块"C-2"。

[技能提升]

1. 用 BLOCK 命令定义的块为内部块，以同样的图块名再重新定义一次，则引用此块的所有实例得到更新。

2. 修改内部块最方便的方法是使用块编辑器在位修改。

3. 用 WBLOCK 命令定义的块为外部块，对外部块的修改方法是：打开该图块的源文件，修改后以同名保存，然后再执行一次"插入"命令。

4. 图形文件可以作为块插入，但基点是（0，0，0）。

5. 块可以嵌套定义，即新块中可以包含其他的块。

6. 要对插入的个别图块实例进行修改，只能将这个别图块分解后编辑。

7. 用 RENAME 命令可以对内部块更名。

8. 用 PURGE 命令对块表进行整理，从块表中清除无用的块。

9. 关于块与图层的关系如下：

块可以由绘制在若干层上的对象组成，中望 CAD 将图层的信息保留在块中。当插入这样的块时，中望 CAD 有如下约定：

（1）块中原来位于 0 层上的对象被绘制在当前层上，并使用当前层的颜色与线型绘出。

（2）对于块中其他层上的对象，若有与当前图形中同名的图层，则块中该层上的对象绘制在图中同名的图层上，并使用图中该层的颜色与线型绘制。

（3）若块中没有与当前图形中同名的图层，则该层上的对象仍在它原来的层上绘出，并为当前图形增加相应的层。

（4）如果插入的图块由多个位于不同图层上的对象组成，则冻结图层上的对象不生成。

[操作练习]

以不同形式的"指北针""标高"为对象，定义图块、插入、修改等操作。

## 任务 6.1.2　创建标题栏属性块

图块除了包含图形对象外，还包含一些非图形的信息，这些非图形信息被称为图块的属性。属性是图块的一个组成部分，与图形对象构成了一个整体。在插入图块时，CAD 会把图形对象连同属性一起插入到图形中。

[任务描述]

1. 定义图块

在 0 层中创建图 6-6 所示的标题栏属性块（不含尺寸），块名为"BTL"，基点为右下角，其中"（图名）""（文件夹名）""（SCALE）"和"（TH）"均为属性，2022年1月27日 11:52:23 为属性字段（保存日期）。字高："（图名）"为 6，其余文字为 4，所有属性和文字均在指定格内居中。

6-2 创建标题栏属性块

图 6-6　标题栏

2. 插入图块

插入该图块，分别将属性"（图名）""（设计者）""（SCALE）"和"（TH）"的值改为"平面图""作者""1∶100"和"2/6"。

[相关知识]

平面图形的绘制方法、文字样式设置、"多行文字"工具、文字对正设置。

[技能要点]

1. 属性定义与编辑。

2. 属性块的插入。

3. 字段。

4. 关键命令有：ATTDEF、DDEDIT、ATTDISP、ATTEDIT、ATTEXT、MTEXT。

[任务实现]

1. 文字样式设置

文字样式设置：中文：字体名选择"仿宋"，语言"CHINESE _ GB2312"，宽度因子"0.7"；西文：字体名选择"simplex. shx"，并使用大字体"GBCBIG. SHX"，宽度因子"0.7"。

2. 绘制图线

用命令 PLINE、OFFSET、TRIM、DIVIDE 等，按图 6-6 的尺寸要求和线宽要求绘制图线。

3. 输入文字

单击功能选项卡"注释"➝单击功能区"文字"中的"多行文字"按钮 📰（执行MTEXT 命令），在提示"指定第一角点"时，拾取文字所在框的左下角点 A，又提示"指定对角点"时，拾取文字所在框的右上角点 B。系统将打开文字上下文功能选项卡"文本格式"编辑器，对其操作如图 6-7 所示。

同样方法输入"比例"和"图号"文字。

4. 定义属性

现在要在定义属性的各自格内绘制对角斜线，目的是使属性文字居中。

执行 ATTDEF 命令，打开"属性定义"对话框进行属性设置，如图 6-8 所示。

（1）在标记文本框中输入"（图名）"。

（2）在提示文本框中输入"输入图名"。

（3）在默认文本框中输入"平面图"。

（4）在对齐方式下拉列表框选择"中心-中"。

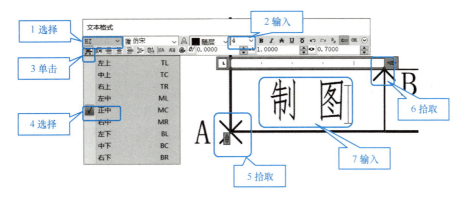

图 6-7 "文本"的操作

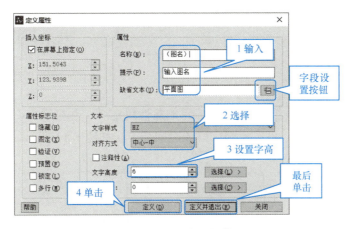

图 6-8 属性定义操作

（5）单击对话框中的 定义(D) 按钮，在"指定起点："提示下确定属性在块图形中的拾取对角辅助线的中点，即可完成标记为"（图名）"的属性定义，且 CAD 将该标记按指定的文字样式和对齐方式显示在指定位置。

（6）同样方法定义属性"（设计者）"，在属性区，对应输入"（设计者）""输入姓名"和"作者"，文字高度区输入 4。

（7）继续定义属性"（SCALE）"，在属性区，对应输入"（SCALE）""输入比例"和"1∶100"，文字高度区输入 4。

（8）再继续定义属性"（TH）"，在属性区，对应输入"（TH）""输入图号"和"2/6"，文字高度区输入 4。

（9）定义属性字段：单击图 6-8 中字段设置按钮，弹出"字段"对话框，其设置如图6-9 所示。

保存日期属性字段的意义是：每当保存一次文件，此文件将自动捕获系统时间并显示出来，可以看到文件最近一次保存的时间。

5. 定义属性块

（1）执行 BLOCK 命令，在"块定义"对话框中，输入块名"BTL"，确定"基点"为右下角，选择图中的全部对象，包括属性。

（2）单击对话框中的 确定 按钮，CAD 打开"编辑图块属性"对话框，如图 6-10 所示，图中显示了 4 个定义属性时的相关信息。

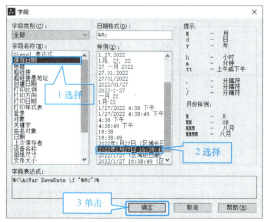

图 6-9 定义属性字段

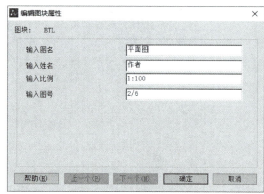

图 6-10 "编辑属性"对话框

（3）单击对话框中的 确定 按钮，完成属性块定义，并显示一个对应的属性块实例。关闭文件后再次打开，可以看到字段的时间变了，如图 6-11 所示，图中的三个属性均以默认值出现。

| 平面图 | 比例 | 1：100 |
|---|---|---|
| | 图号 | 2/6 |
| 制 图 | 作者 | 2022年1月27日 17:26:10 |

图 6-11 "BTL"属性块实例与字段时间变化

6. 插入图块

执行 INSERT 命令，打开"插入"图块对话框，有如下设置：

（1）在"名称"下拉列表框中，选择"BTL"。

（2）在"插入点"区，勾选"在屏幕上指定"复选框。

（3）设置"比例"选项区 X 方向比例因子为 1，并勾选"统一比例"复选框。

（4）在"旋转"选项区的"角度"文本框中，输入"0"。

（5）单击 确定 按钮，在适当位置拾取一点，CAD 自动弹出"编辑图块属性"对话框。

（6）在"编辑属性"对话框中，输入需要更改的属性值，如"立面图"，单击 确定 按钮。

[技能提升]

1. 属性是从属于块的文本信息，是块的组成部分，即"块＝若干实体＋属性"。

2. 在定义块前，每个属性要用 ATTDEF 命令进行定义，由它规定属性标记、属性提示、属性缺省值、属性的显示方式（可见或不可见）、属性在图中的位置等。属性定义后，该属性以其标记（一个字符串）在图中显示出来，并把有关的信息保留在图形文件中。

3. 在定义块前，用 DDEDIT 命令（或双击属性对象），在弹出的"编辑属性定义"对话框中，修改属性标记、属性提示和属性缺省值。

4. 在插入属性块时，CAD 通过属性提示用户输入属性值（也可以用缺省值）。插入块后，属性用属性值表示。因此，同一个块定义，在不同点插入时，可以有不同的属性值。如果属性值在属性定义时规定为常量，CAD 则不询问属性值。

5. 在块插入后，可以用 ATTDISP（属性显示）命令改变属性的可见性；可以用 ATTEDIT 等命令对属性做修改；可以用 ATTEXT（属性提取）命令把属性单独提取出来写入文件。

[操作练习]

试创建标高符号、轴网编号、索引符号、详图符号等属性块。

# 项目 6.2  使 用 外 部 参 照

在处理很大的工程项目或者复杂的产品设计时，往往需要成立由不同专业的设计人员组成的一个设计项目组，项目组中的不同设计部门、不同设计人员间各自独立又相互联系，共同协作完成设计任务。

外部参照技术是实现协同设计的最重要工具。利用外部参照，协作团队中的设计人员可以随时参照或引用其他设计人员的图形文件；某图形文件可同时被多个设计人员作为外部参照所引用，某个图形文件也可以同时参照多个外部图形文件；并且随着外部图形的更新，外部参照的显示也能够同步更新。

外部参照就是把一个图形文件附加到当前的图形文件中。被插入的图形文件信息并不直接加到当前的图形文件中，当前图形只是记录了图形之间的引用关系（被插入图形文件的路径信息）。插入的参照图形与外部的原参照图形保持着一种"链接"关系，即外部的原参照图形如果发生了变化，被插入到当前图形中的参照图形也将同步变化。因此，外部参照非常适用于正在进行中的分工协作项目，也适用于模块化设计。

## 任务 6.2.1  住宅建筑平面施工图的方案设计

使用外部参照技术进行设计，可以把一些在施工图设计过程中需要不断修改的图组合成最终版的建筑施工图。

建筑专业的资料图是各专业进行外部参照绘图的公用模板，可以分别将各层平面和剖立面作为独立的 dwg 文件存放到一个外部参照文件夹内，一个新的设计文件只需将各参照文件分别附着进去，组合成一套完整的建筑提资的基本图。

[任务描述]

对于大型住宅小区设计，不同楼型往往采用同种户型及同种核心筒。设现有三种户型 A、B、C 和一个楼梯间等四个模块，如图 6-12～图 6-15 所示。

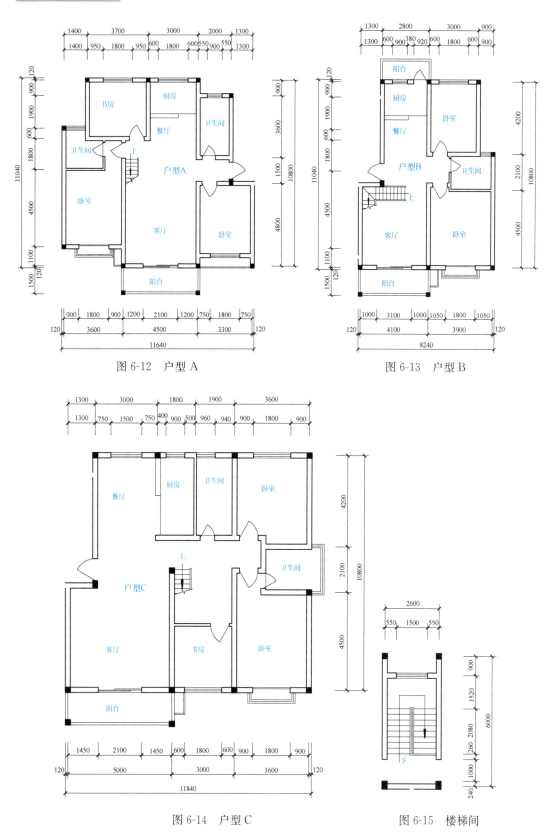

图 6-12　户型 A

图 6-13　户型 B

图 6-14　户型 C

图 6-15　楼梯间

要求设计两种楼型：楼型甲和楼型乙。楼型甲由户型 A、户型 B 和楼梯间组成；楼型乙由户型 A、户型 C 和楼梯间组成，分别如图 6-16 和 6-17 所示。

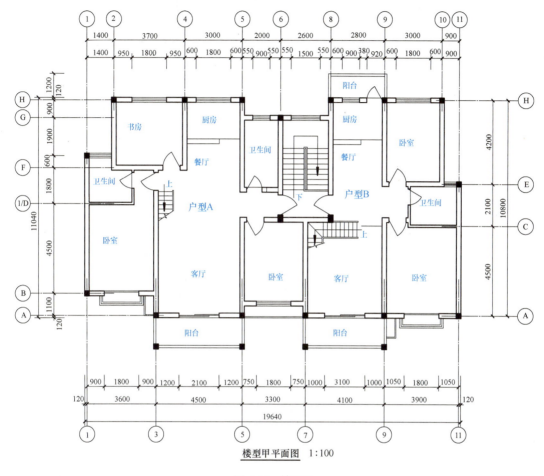

**楼型甲平面图　1:100**

图 6-16　楼型甲

[相关知识]

施工平面图的内容与绘制流程，线宽组与应用。

多线的绘制与编辑，尺寸样式设置与尺寸标注，属性图块的创建与插入。

完成此设计任务的最佳方法是采用 CAD 的"外部参照"功能，对此任务的图纸组织优化如图 6-18 所示，图中字母 A、B、C 和 L 分别代表户型 A、户型 B、户型 C 和楼梯间。

[技能要点]

1. 关键技能

（1）"插入"功能选项卡→"参照"功能面板（图 6-19）中的各命令的使用。

（2）XREF（外部参照管理器）命令使用，执行该命令后将打开"外部参照"选项板，如图 6-20 所示。

（3）BASE 命令可用来设置图形的基点。

167

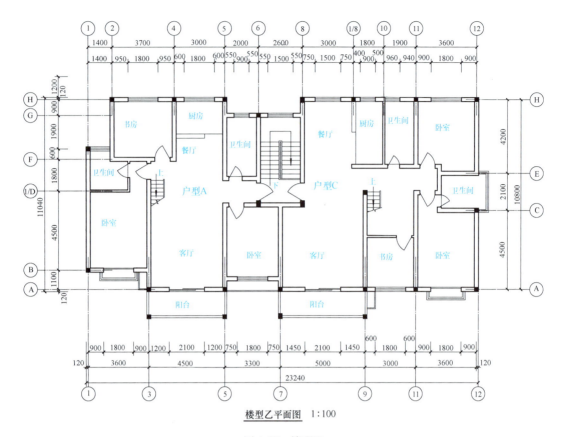

楼型乙平面图 1:100

图 6-17 楼型乙

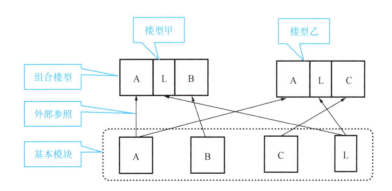

图 6-18 外部参照模块组织

图 6-19 "参照"功能面板

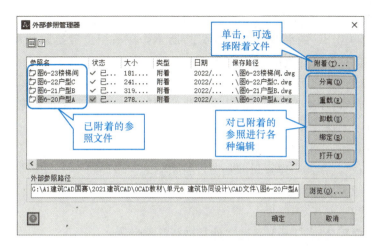

图 6-20 外部参照管理器

2. 操作要点

（1）外部参照的附着：打开"外部参照"管理器→单击按钮 附着(T)... →中望 CAD 打开"选取附加文件"对话框，用户可以通过此对话框选择要附着的参照文件。

（2）外部参照的卸载：为了提高图形的处理速度可以将外部参照卸载，卸载后的外部参照图形被隐藏而不显示出来，并不是永久性地删除，仍保留该参照文件的路径，当希望再次参照该图形时，执行"重载"命令即可将已卸载的外部参照文件很方便地重新显示出来。

（3）外部参照的重载：在不退出当前图形的情况下，更新外部参照文件，反映外部参照文件的最新变化。

（4）外部参照的分离：从当前图形文件中删除一个或多个外部参照文件。

（5）外部参照的绑定：将附着的参照图形文件永久性地"绑定"到当前图形中，同时还将外部参照的从属符号（如图层、颜色、线型等）永久地转换成当前图形的符号。

（6）外部参照的打开：将图形文件简单地插入到当前图形中，类似于使用 INSERT 命令插入的块。

[任务实现]

1. 绘制"户型 A"平面图。

（1）基本设置

基本设置主要包括：优化绘图环境、开设图层并确定线型和线宽组、创建文字样式、创建标注样式、创建多线样式。对这些设置的具体要求和操作，请参见前面的有关单元项目任务。本任务采用的线宽组为：0.5、0.35、0.25、0.13。

（2）绘制图形

按建筑平面图的绘制流程绘制"户型 A"的平面图，不标注尺寸，如图 6-12 所示。

（3）设置基点

执行 BASE 命令，拾取左下角立柱的中心点。

（4）命名存盘

将该文件命名为"户型 A"并保存在一个适当命名的文件夹中。

**2. 绘制"户型 B"平面图**

同法绘制"户型 B"的平面图，如图 6-13 所示，在适当位置拾取基点，命名为"户型 B"并保存在同一个文件夹中。

**3. 绘制"户型 C"平面图**

如图 6-14 所示，在适当位置拾取基点，将绘制的"户型 C"平面图命名为"户型 C"并保存在同一个文件夹中。

**4. 绘制"楼梯间"平面图**

如图 6-15 所示，在适当位置拾取基点，将绘制的"楼梯间"平面图命名为"楼梯间"并保存在同一个文件夹中。

**5. 绘制楼型甲**

（1）以"无样板公制-打开"新建文件并进行基本设置。

图 6-21　选择外部参照文件

（2）附着文件"户型 A"。

打开"外部参照"管理器 → 单击按钮 附着(T)... → 打开"选取附加文件"对话框，从中选择要"附着"的文件，如图 6-21 所示（裁剪了部分空白）。

单击"打开"按钮后，系统会弹出"附着外部参照"对话框，如图 6-22 所示，该对话框与插入图块时的对话框类似，但重要区别是"参照类型"，对该对话框无须设置，单击按钮 确定 ，然后在绘图区适当位置拾取一点，该点即为附着文件的基点。

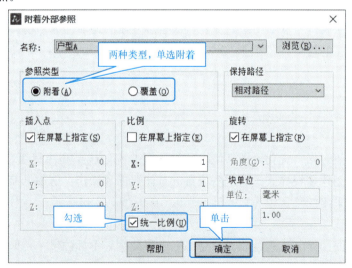

图 6-22　"附着外部参照"对话框

文件"户型 A"已附着在当前文件中，但默认时，图线"淡入显示"在图中，可以用系统变量"XDWGFADECTL"定义所有 DWG 外部参照的淡入百分比，缺省是 50%，若将其值设为"0",则完全亮显,但"淡入显示"可以区分出哪些图形是外部参照的。

附着的文件是个整体,可以进行"移动""复制""旋转"等操作。

(3)同法附着文件"户型 B"和文件"楼梯间"。

将附着的文件"户型 B"和文件"楼梯间"通过"移动"到正确位置,结果如图 6-23 所示。

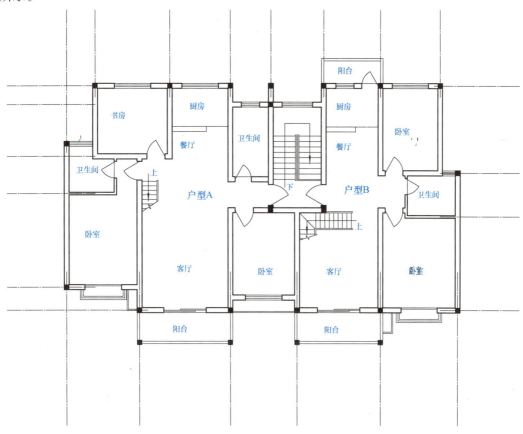

图 6-23  附着三个文件

(4)编制轴号。

按建筑制图标准要求编制轴号,并将轴圈号定义为属性块。

(5)标注尺寸、注写图名等,完成图 6-16 楼型甲全图。

6.同法绘制楼型乙。

[技能提升]

1.XDWGFADECTL 系统变量定义所有 DWG 外部参照的淡入百分比。

2.可以使用户在多个图形文件中应用某位置的同一图形文件。

3.可以利用一组模块图形来组合复杂的图形文件,且这些模块图形可以根据需要重新设计。因此外部参照功能能起到化繁为简的目的。

4.各个图形中共有的对象或结构可以单独保存,而不必每个图形中都保存一次,因此节省存储空间。

5. 基点是用当前 UCS 中的坐标来表示的。向其他图形插入当前图形或将当前图形作为其他图形的外部参照时，此基点将被用作插入基点。

6. 关于参照类型

"附着型"单选按钮：外部参照可以嵌套；"覆盖型"单选按钮：外部参照不可以嵌套。

这两种引用形式的区别是：当外部参照图形里又包含别的引用参照时，用"附着型"引用方式将在当前图形里显示所有级别的引用图形，而"覆盖型"选项只显示一级引用图形。

当多个工程师通过网络共同进行一个项目设计，每个工程师对不希望出现在别人图形里的引用可以采用"覆盖型"方式。当只两两间需要引用图形时，必须采用"覆盖型"方式，否则将使引用无限循环下去。

图 6-24 反映了图形之间的引用关系及显示结果，通过这两幅图可以看出"附着型"引用方式和"覆盖型"引用方式的区别。

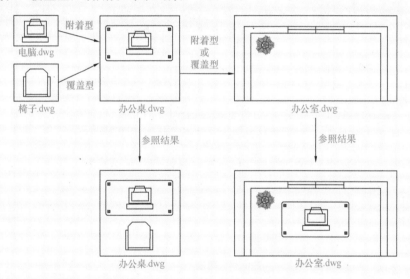

图 6-24 图形文件的引用关系及参照结果

7. 关于保持路径

（1）"完整路径"选项：当使用完整路径引用外部参照时，外部参照的位置将保存到主图形中。此选项记录的是绝对位置，定位精度高，灵活性最小。如果移动了工程文件夹、更换设备或是改变文件夹名字，中望 CAD 将无法融入任何使用完整路径附着的外部参照。

（2）"相对路径"选项：使用相对路径选项引用外部参照时，将保存外部参照相对于主图形的位置，此项选择的灵活性最大。如果移动了工程文件夹、更换设备或是改变文件夹名字，中望 CAD 仍可以融入使用相对路径附着的外部参照，只要此外部参照相对主图形的位置未发生变化。在中望 CAD 2021 中，"相对路径"已经是插入外部参照时的默认选项，即使主文件没有保存也是这样。只有当主文件与外部参照在不同盘符的时候，才会被自动改为"完整路径"。

（3）"无路径"选项：在不使用路径附着外部参照时，中望 CAD 首先在主图形的文件夹中查找外部参照。当外部参照文件与主图形文件位于同一个文件夹时，此选项是非常有用的。

[操作练习]

利用该任务的条件，试用外部参照的方法组合楼型丙，其组成是"户型 B""户型 C"和"楼梯间"，绘制楼型丙的平面图。

## 任务 6.2.2　多区绘图的合成

外部参照适合在大型工程中应用，多人分工分区绘图，此外，掌握外部参照技能对个人操作整套施工图极其方便。同时，图形在插入较多的外部参照后变得比较繁杂，此时需要对外部参照进行统一编辑和管理，才能得心应手地使用外部参照功能。

本任务通过四个假设图形文件拼成一张总图过程，旨在揭示外部参照的强大功能，说明中望 CAD 外部参照技术项目协作中的优越性，熟悉了解外部参照的使用过程和方法。

[任务描述]

设有 4 个分区图形文件：区 1.dwg、区 2.dwg、区 3.dwg、区 4.dwg，它们统一参考底图 385×277 幅面大小上绘制，且位于同一文件夹"多区合成"中。

4 个分区图形文件的具体图形如图 6-25 所示，4 个图形都作简单处理，是为了说明外部参照的应用技术。4 个图形在需要的区域内按图和尺寸绘制，区域外的图形可任意。本任务引用了中望 CAD 2021 自带的文件"Home-SpacePlanner.dwg""Architectural.dwg""Arrows-Metric.dwg"和"Mechanical.dwg"中的一些图块，可以通过"设计中心"工具插入这些图块，见项目 6.3。

现要求将 4 个分区图形文件合成一个文件"总图.dwg"，在文件中只显示 4 个分区文件的部分内容：分别取文件"区 1.dwg"中的"A"区、"区 2.dwg"中的"B"区、"区 3.dwg"中的"C"区、"区 4.dwg"中的"D"区，如图 6-26 所示。

体会外部参照的更新，打开图形文件"区 1.dwg"，在其中画些图形，如一组长方形，保存文件。然后观察文件"总图.dwg"变化。

利用外部参照在位编辑功能，对外部参照"区 2.dwg"进行修改，然后打开图形文件"区 2.dwg"，观察是否得到修改。

[相关知识]

1. 熟悉用图 6-19 "参照"功能面板编辑所引用的外部参照。

2. 掌握外部参照技术。

[技能要点]

1. 剪裁外部参照。

2. 实时刷新外部参照。

3. 在位编辑外部参照。

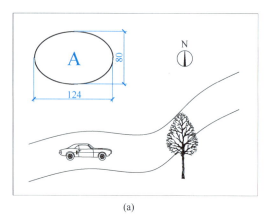
(a)

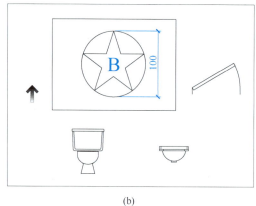
(b)

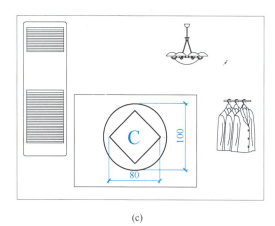
(c)

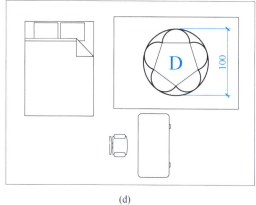
(d)

图 6-25　4 个分区图形文件

（a）文件"区 1"；（b）文件"区 2"；（c）文件"区 3"；（d）文件"区 4"

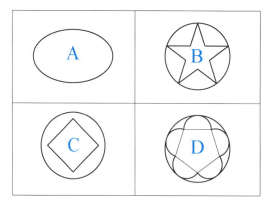

图 6-26　总图文件

6-3 多区绘图的合成

[任务实现]

1. 新建文件夹，命名为"多区合成"。

2. 建立"参考底图.dwg"文件，绘制 385×277 矩形，并平分四区。

3. 以"参考底图"为参照，建立与绘制四个分区图形文件：区 1.dwg、区 2.dwg、区 3.dwg、区 4.dwg。

4. 新建空文件，命名为"总图.dwg"。

5. 连续附着 5 个文件："参考底图.dwg"、区 1.dwg、区 2.dwg、区 3.dwg、区 4.dwg，结果如图 6-27 所示。从图中可以看出，合并后的图很乱，需要对外部参照边界进行裁剪编辑。

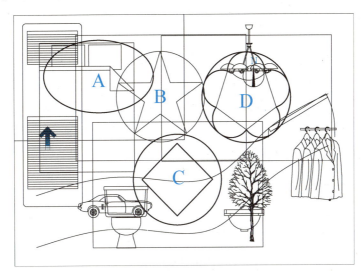

图 6-27　附着 5 个文件

6. 裁剪外部参照边界

（1）裁剪"区 1.dwg"的边界。单击"参照"功能面板中的"剪裁"按钮 →按命名提示，选择要剪裁的对象为"区 1.dwg"→新建边界→矩形→拾取"A"区的对角点，则外部参照"区 1.dwg"的"A"区外的部分被剪裁如图 6-28 所示。

（2）同法裁剪"区 2.dwg""区 3.dwg"和"区 4.dwg"的边界。

（3）此时保留的区域有重叠，只需用命令 MOVE 将外部参照"区 2.dwg""区 3.dwg"和"区 4.dwg"移动到目标位置即可。

7. 外部参照的更新

（1）打开图形文件"区 1.dwg"，然后在"A"区附近绘制一组长方形（图 6-28），然后保存文件。

（2）回到文件"总图.dwg"，发现状态栏右下角管理外部参照工具按钮上有个感叹

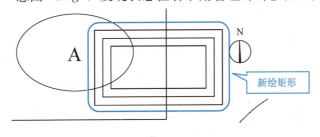

图 6-28　修改文件"区 1.dwg"

号，表示外部参照文件"区 1.dwg"已更改，单击"重载区 1"文字，即可更新图形，如图 6-29 所示。

图 6-29　外部参照的更新

（3）若没有及时更新外部参照文件，则可以用外部参照管理器来重载外部参照文件。方法是：单击按钮 ➡️ ➡️ 打开"外部参照管理器"，发现参照文件"区 1"的状态"需要重载，也带个感叹号" ➡️ 选中之 ➡️ 单击按钮 重载(R) ，如图 6-30 所示。结果可以发现文件"总图.dwg"中显示出更改情况。

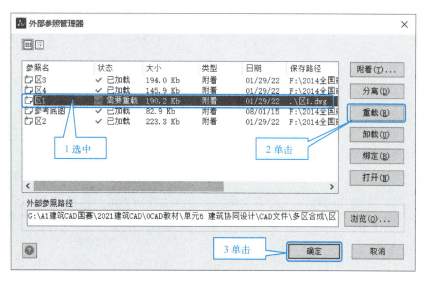

图 6-30　重载外部参照

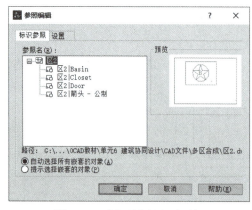

图 6-31　"参照编辑"对话框

8. 在位编辑外部参照文件"区 2.dwg"

（1）单击按钮 ✏️编辑块或外部参照 ➡️ 选择"区 2" ➡️ 弹出"参照编辑"对话框（图 6-31），单击按钮"确定"，在位打开了文件"区 2.dwg"，可以对其进行编辑，同时不可编辑的文件对象都暗显下去 ➡️ 适当画 2 个圆，如图 6-32 所示。

（2）保存修改，单击在位编辑外部参照文件的上下文工具"编辑参照"（图 6-33）保存修改按钮 💾 ➡️ 单击按钮 确定 ，即

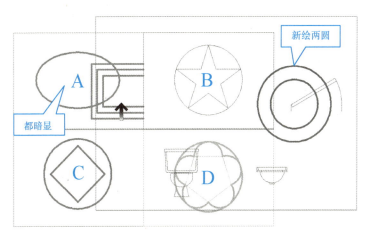

图 6-32　在位编辑外部参照文件

对修改后的文件进行了保存并结束在位编辑。

（3）重新打开原来文件"区 2.dwg"，可以发现已更改。

请体会：这是在总图里的修改，原文件也跟随着变化，所以外部参照是可双向修改的，这对于大型工程很有意义。

图 6-33　编辑参照工具

[技能提升]

1. 在当前图形中不能直接引用外部参照中的命名对象，但可以控制外部参照图层的可见性、颜色和线型。

2. 中望 CAD 2021 中，用命令 REFEDIT 在位编辑外部参照，并能将修改结果保存回原来的图形。这样就避免了在不同图形之间来回切换，对于少量修改工作来说富有效率。

3. 设置剪裁边界后，利用系统变量 XCLIPFRAME 可控制是否显示该剪裁边界，当其值为 0 时不显示，值为 1 时显示。也可通过命令 XCLIP 设置剪裁边界的可见性。

[操作练习]

使用外部参照，附着至少 3 个光栅图像，并进行剪裁操作。

# 项 目 6.3　使 用 设 计 中 心

实际中一个工程项目设计是比较复杂的，不仅图形数量大、类型多，而且往往有多个人员共同参与设计，因此亟需对图形进行有效的管理，重用和共享图形内容是有效管理绘图项目的基础，中望 CAD 设计中心就是一个高效的工具。

通过设计中心，可以组织对图形、块、图案填充、布局、各种样式和其他图形内容的访问；可以将源图形中的任何内容拖放到当前图形中；可以将图形、块和填充拖放到工具选项板上；可以在图形之间复制和粘贴内容（图形本身除外）。

通常使用中望 CAD 设计中心进行如下工作：

（1）浏览和查看各种图形、图像文件。

（2）深入到图形文件内部，对内容进行操作，无需打开图形文件，就可以快速地查找、浏览、提取和重用特定的命名对象（如图块、外部引用、光栅图像、图层、线型、标注样式等）。

（3）将图形文件拖放到绘图区，即可打开图形文件；而将光栅图像拖放到绘图区，则可查看和附着光栅图像。

（4）在本机和网络驱动器上查看图形文件，并创建指向常用图形、文件夹和 Internet 网址的快捷方式。

## 任务 6.3.1　在设计中心中查找内容

查找图形文件及文件中的命名对象是使用中望 CAD 设计中心一项基本工作内容，找到目标文件后，可以利用该文件中的资源。

[任务描述]

使用中望 CAD 2021 设计中心的搜索功能，查找计算机中的图形文件"Architectural. dwg"，并用设计中心将其打开。

[相关知识]

了解中望 CAD 2021 设计中心的功能。

[技能要点]

掌握设计中心工具栏的使用方法；熟悉设计中心的结构与显示。

打开设计中心选项板的命令是：ADCENTER。

[任务实现]

1. 单击"工具"功能选项卡→"选项板容"选项区→单击按钮，打开"设计中心"选项板，如图 6-34 所示。

2. 在设计中心的工具栏中单击"搜索"按钮，打开"搜索"对话框。

3. 在"目标文件夹"处，浏览中望 CAD 的安装目录，在"文件名称"文本框区输入"Architectural"，单击按钮 搜索(S)... 。此时系统开始搜索，并将搜索结果显示在下方的列表框中，如图 6-35 所示（注：作者电脑中装了多个版本，因此出现了 4 个搜索结果）。

4. 显示列表中双击"Architectural. dwg"，在设计中心的选项板中显示出该文件，如图 6-36 所示。

5. 单击文件"Architectural. dwg"所在的文件夹"Dynamic Blocks"，该文件夹中的内容将显示在右侧的框中，在其中找到文件"Architectural. dwg"并右击，在快捷菜单选择"在应用程序窗口打开"菜单，如图 6-37 所示，此时文件"Architectural. dwg"被打开。

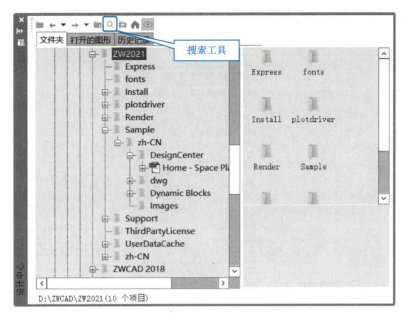

图 6-34    设计中心

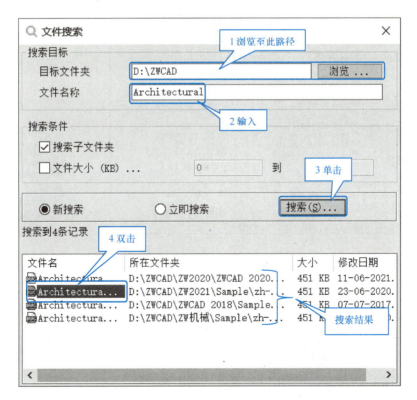

图 6-35    搜索文件

图 6-36　返回设计中心

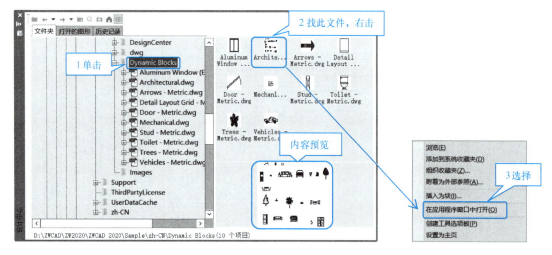

图 6-37　设计中心打开文件

［技能提升］

1. 可以用组合键【Ctrl】＋2，打开"设计中心"选项板。

2. 设计中心是一个与绘图窗口相对独立的窗口，其最上一行是对设计中心进行操作的工具栏，需熟悉这些工具的使用。

3. 树状视图显示方式与 Windows 系统的资源管理器类似。

［操作练习］

使用中望 CAD 2021 设计中心的搜索功能，查找计算机中的图形文件"Home-Space Planner. dwg"，并用设计中心将其打开。

### 任务 6.3.2  利用设计中心资源

中望 CAD 设计中心是一个非常有用的工具，通常使用设计中心管理图形文件、插入块、外部参照和填充图案。

以创建和保存图块为手段建立专业图形符号库，提高设计人员的绘图速度与质量及设计效率等。

装饰图中会大量出现装饰图块，可以借用中望 CAD 2021 自带的文件"Home-space Planner. dwg""Architectural. dwg"和"Toilet Metric. dwg"中装饰图块。通过设计中心即可方便调用这些资源。

[任务描述]

对本单元"项目 2-任务 2.1 中的户型 C"进行室内家具布置，布置效果如图 6-38 所示。

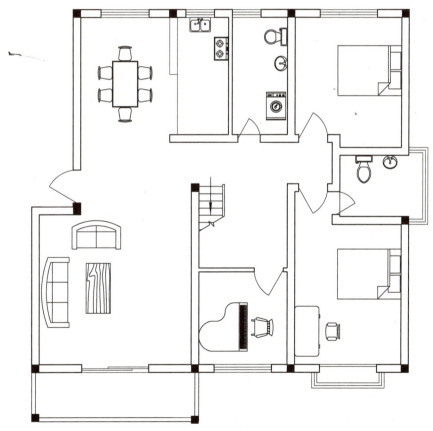

图 6-38  室内家具布置图

[相关知识]

1. 了解装饰制图的一般规范。

2. 熟悉设计中心的功能和操作。

3. "Home-space Planner. dwg"文件中存储了常用的家居用品图块，"Architectural. dwg"

文件中存储了常用大型家具、电器图块，和"Toilet Metric. dwg"文件中只有一个盥洗室图块。"Home-space Planner. dwg"文件在"Design Center"文件夹中，其余两个文件在"Dynamic Blocks"文件夹中。

[技能要点]

1. 使用"设计中心"向当前图形中插入图块的方法。

2. 熟悉"设计中心"向图形中添加内容的其他方法。

[任务实现]

1. 打开"项目2-任务1中的户型C"文件。

2. 按组合键【Ctrl】＋2→打开设计中心窗口。

3. 在"设计中心"中搜索"Design Center"文件夹。

4. 使用"Home-space Planner. dwg"文件中的"块"资源。

展开"Home-space Planner. dwg"文件，选中"块"，该文件中的所有块都显示在设计中心的内容区。

（1）拖放"床"图块到绘图区，将直接插入该图块，如图6-39所示。

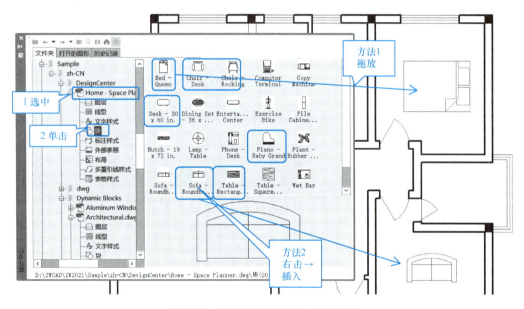

图6-39　两种方法从设计中心插入块

（2）右击"沙发"图块图标→选择"插入"快捷菜单→弹出"插入图块"对话框，单击按钮 插入⚀ →绘图区拾取插入点，按三次回车。

（3）拖放图块两种"椅子""钢琴"和两种"桌子"到绘图区。

5. 使用"Architectural. dwg"文件中的"块"资源。

展开"Architectural. dwg"文件，插入的图块有：餐桌椅、面盆，如图6-40所示。此文件中的图块都是动态块。

6. 使用"Toilet Metric. dwg"文件中的"块"资源。

展开"Home-space Planner. dwg"文件，此文件中只有一个"马桶"图块。

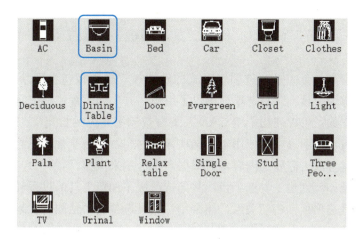

图 6-40　"Architectural. dwg"文件中的"块"资源

7. 使用"工具选项板"中"建筑选项板",请参阅任务 6.3.3,拖进"煤气灶""水池""洗衣机"等图块。

8. 调整各图块如图 6-38 所示的位置。

[技能提升]

1. 利用设计中心还可以将其他内容(如标注样式、表格样式、文字样式、图层、线型、布局和自定义内容)添加到打开的图形中。

2. 可以将设计中心中的对象复制到剪贴板,然后粘贴到当前图中。

3. 动态块是很好的资源,如"门"动态块,如图 6-41(a)所示,点击后将出现 6 个夹点、4 种形式;6 个夹点表示有 6 处可以调整门块图形、4 种形式表示有 4 种功能。单击图中最右侧夹点 ▶ 变成红色热夹点后,有 6 种规格门宽尺寸可选择,移动光标将会跳跃选择这些尺寸,如图 6-41(b)所示。读者可以单击其他夹点,观察体会"门"动态块变化情况,同时在绘制这样门图例时,调用这个"门"动态块,会操作更方便。

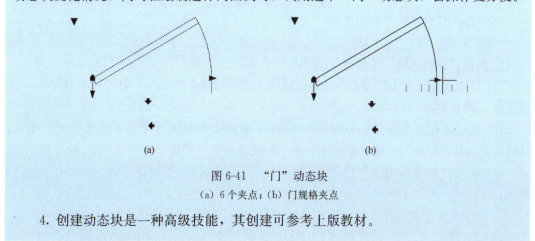

图 6-41　"门"动态块
(a) 6 个夹点;(b) 门规格夹点

4. 创建动态块是一种高级技能,其创建可参考上版教材。

[操作练习]

试对本单元任务 6.2.1 中的户型 A 进行室内家具布置。

183

### 任务6.3.3　新建工具选项板并添加工具

工具选项板窗口包含一系列选项卡形式的选项板，选项板包含图块、填充图案等对象，这些对象被称为工具。工具选项板提供了组织、共享和放置块和图案填充及其他工具的有效方法。用户除了可以使用中望CAD系统自带和第三方的自定义工具外，也可定制自己的工具选项板。在图形中要使用工具选项板的内容，方法非常简单，可以直接从工具选项板中拖动，或者双击需要的内容，再根据命令提示来操作。

本任务将展现如何创建工具选项板，并向选项板添加新工具的过程和方法，了解"设计中心"与"工具选项板"密切关系，体会用"工具选项板"绘图的优越性。

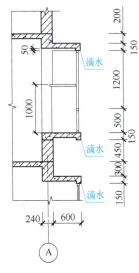

图6-42　应用工具选项板

[任务描述]

本任务需完成如下工作：

1. 在工具选项板中创建"我的建筑"选项板。

2. 在"我的建筑"选项板添加钢筋混凝土图例的两个图案填充工具。

3. 通过新建文件，绘制指北针、轴圈号、索引符号三个图块，并将其添加到"我的建筑"选项板上，然后关闭该文件。

4. 再新建一个文件，绘制如图6-42所示的图形，其中的图例、轴圈号均通过"我的建筑"选项板绘制。

[相关知识]

1. 熟悉建筑制图对"指北针、轴圈号、索引符号"等绘制要求。

2. 了解"设计中心"和"工具选项板"联系与区别。

[技能要点]

1. 用组合键【Ctrl】+3→打开工具选项板窗口。

2. 创建工具选项板并添加工具。

[任务实现]

1. 创建"我的建筑"选项板（图6-43）。

（1）单击功能选项卡"工具"→单击功能区"选项板"按钮▤，打开工具选项板，适当拉大，如图6-43（a）所示。

（2）在标题栏上单击特性按钮 ▤→在弹出的快捷菜单中选择"新建选项板"命令，这时在"工具选项板"中将自动添加一个"新建选项板"选项卡，如图6-43（b）所示。

（3）输入"新建选项板"选项卡的名称"我的建筑"，按↵键确认，如图6-43（c）所示。

2. 添加两个图案填充工具（图6-44）。

（1）新建一个文件，先在"0"层中绘制两个600×600的正方形，选择图案"ANSI31"、设定比例为"30"对上正方形填充；然后再选择图案"AR-CONC"、设定比例为"1"对下正方形填充，如图6-44（a）所示。

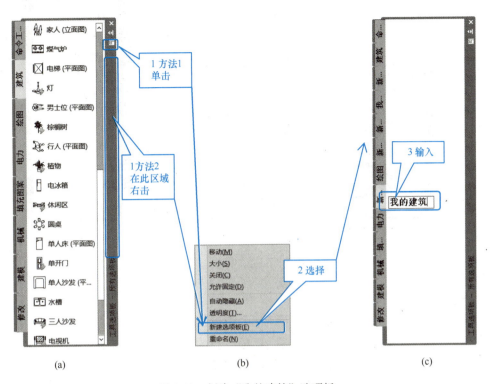

(a)                        (b)                        (c)

图 6-43  创建"我的建筑"选项板

（a）打开选项板；（b）快捷菜单；（c）命名选项板

（2）选中填充"ANSI31"，将其拖放到"我的建筑"选项板中，可以发现选项板上有了"ANSI31"工具，如图 6-44（b）所示。

（3）同法为"我的建筑"选项板中添加"AR-CONC"工具，如图 6-56（b）所示。

3. 添加图块工具（图 6-45）

（1）新建一个文件，按建筑图样对指北针、轴圈号、索引符号的尺寸要求在"0"层中绘制图形，把指北针定义为普通图块，把轴圈号和索引符号定义为属性图块。将文件取名"建筑图块"保存在某个文件夹下。

（2）按组合键【Ctrl】+2➔打开设计中心窗口。

（3）在设计中心中找到文件"建筑图块"并展开➔选择"块"，可以发现在内容区显示出 3 个图块索引，如图 6-45（a）所示。

（4）从设计中心内容区分别将 3 个图块拖放到"我的建筑"选项板，则选项板上多了 3 个图块工具，如图 6-45（b）所示。

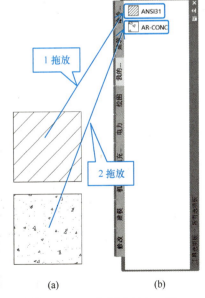

(a)                  (b)

图 6-44  添加图案填充工具

（a）绘制与填充；（b）添加工具

**185**

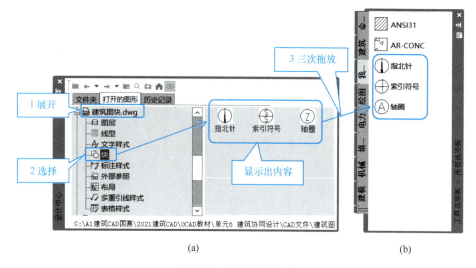

图 6-45　添加图块工具

（a）绘制与填充；（b）添加工具

4. 绘制图形

（1）新建一个文件，绘制如图 6-46 所示的图形。

（2）填充"ANSI31"图案：从工具选项板"我的建筑"中选择"ANSI31"工具，拖放到填充区域，可以发现已填充了"ANSI31"图案。

（3）同法填充"AR-CONC"图案。

（4）同法绘制轴圈，如图 6-46 所示。

（5）标注尺寸，注写文字，完成全图。

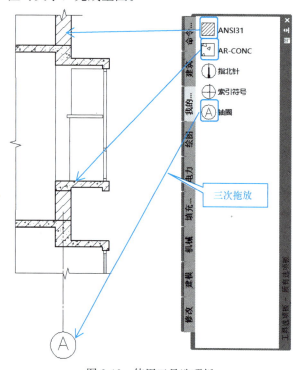

图 6-46　使用工具选项板

[技能提升]

1. 用工具选项板的快捷键菜单进行管理操作。

2. 工具选项板中的工具可以相互复制。

3. 通过设计中心可以将一个文件拖放到工具选项板，使用该工具时，以块的形式出现在新图形文件中。

[操作练习]

创建"我的装饰"工具选项板，并为该选项板添加文件夹"Dynamic Blocks"中的所有图块工具。

# 单元 7 房 屋 建 模

中望 CAD 具有较强的建模功能，可以构建线框模型、表面模型和实体模型，因此在建筑建模中有广泛的应用。

本单元通过完成某二层楼房的建筑构件建模到完成整幢楼房的建模等任务，掌握中望 CAD 中建模技术，提升建模技能。

建模技能在进入工作岗位后更显重要，为了精准建模，不仅要具备遵守、执行国家标准和规范的工程素养，还要有认真负责的工作态度和严谨细致的工作作风。

## 项目 7.1 简单房屋构件建模

三维实体建模的基本思路是使用基本体或将二维图形经过拉伸、旋转、扫掠、放样等手段得到实体，然后通过布尔运算、实体编辑等编辑手段完成建模。本项目通过对房屋中常用建筑构件的建模过程，领悟建模命令。

三维绘图主要用到"实体""视图"和"常用"三张功能选项卡，图 7-1 给出了"实体"和"视图"两张功能选项卡。

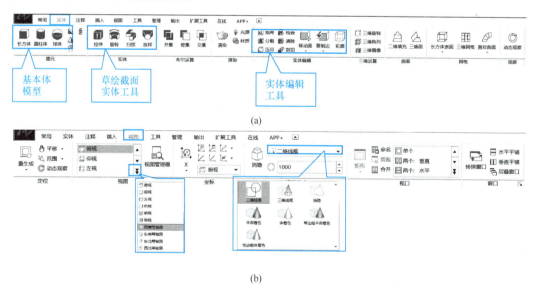

(a)

(b)

图 7-1 中望 CAD 建模工具

（a）"实体"功能选项卡；（b）"视图"功能选项卡

## 任务7.1.1　墙　体　建　模

墙体是建筑的基本组成部分,起到承重和围护作用,墙体厚度尺寸需满足建筑模数的规定,墙体材料一般为砖墙或混凝土墙。本任务只对墙体进行实体建模,不附着材质和渲染。

[任务描述]

如图7-2所示一层平面图,对墙体进行实体建模。其中楼层高度为3300mm,外墙厚度为300mm,内墙厚度为200mm;门洞口高度2100mm,窗洞口离地900mm,洞口高1800mm。

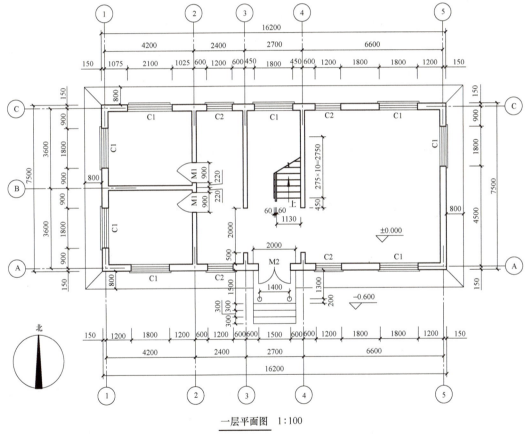

一层平面图　1:100

图7-2　一层平面图

[相关知识]

1. 平面绘图与三维建模的步骤基本相同,只不过是所用工具不同。

2. 熟悉"实体"和"视图"两张功能选项卡。

3. 了解控制三维对象的图形显示技术,掌握"视角样式""三维导航"等工具。

[技能要点]

1. 适当开设图层,合理命名,并赋以不同颜色。要摒弃不开图层,并随即在"0"层画图的不良习惯。

2. 将象征模型位置的点置于世界坐标系的原点，便于观察模型。

3. BOX 命令长、宽、高与光标的一致性。

4. 关键命令有：BOX、SUBTRACT、UNION。

[任务实现]

1. 设置绘制环境

（1）启动中望 CAD2021，新建一个图形文件，命名为"一层墙体 .dwg"。

（2）用命令行 LIMITS 设置图限，其左下角点为（0，0）、右上角点为（20000，20000）；然后执行 ZOOM/ALL 命令，最大化显示所定义的绘图界限。

（3）设置"墙体"图层，置"墙体"图层为当前。

2. 外墙建模

（1）单击"视图"功能选项卡→"视图"功能区→选择"◈ 西南等轴测"显示视图。

（2）单击"实体"功能选项卡→"图元"功能区→选择 长方体 工具，执行 BOX 命令，创建外围墙体，请密切观察图形的变化，命令流程如下：

命令：**BOX** ↵

指定第一个角点或 [中心（C）]：**0，0** ↵

指定其他角点或 [立方体（C）/长度（L）]：**L** ↵　　　（用长、宽、高的形式创建立方体）

指定长度：**16200** ↵　　（需要将光标拉成与 X 轴平行时输入数据）

指定宽度：**7500** ↵

指定高度或 [两点（2P）]：**3180** ↵（减去楼层厚度 120）

（3）继续 BOX 命令，角点坐标（300，300），"L"响应，长 15600、宽 6900、高 3180。

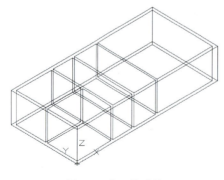

图 7-3　内、外墙体

（4）布尔运算功能区，选择 差集 工具，进行差集（SUBTRACT）运算→先选择大长方体，然后选择小长方体，如图 7-3 所示。

3. 内墙建模

（1）执行 BOX 命令，角点坐标（4250，300），"L"响应，长 200、宽 6900、高 3180。

（2）执行 COPY 命令，向右复制另两面横墙，复制位移分别为 2400 和 5100。

（3）执行 BOX 命令，角点坐标（300，3650），"L"响应，长 3950、宽 200、高 3180。

（4）进行并集（UNION）运算→选择所有对象，如图 7-3 所示。

4. 开外门洞口

（1）先开外门洞口。执行 BOX 命令，捕捉前纵墙的中点，"L"响应，长 1500、宽 400、高 2100。

（2）将该长方体向左移动 750。

（3）进行差集（SUBTRACT）运算。

（4）同样方法开内门洞口和外窗洞口。

（5）观察功能区，选择工具，移动鼠标，调整视角。

（6）执行 LAYER 命令→设置图层颜色"灰度254"，如图 7-4 所示。

图 7-4　设置图层颜色"灰度 254"

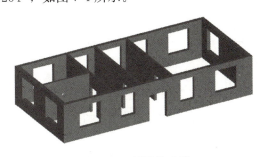

图 7-5　一层墙体建模

（7）单击"视图"功能选项卡→"坐标"功能区→选择工具，执行 UCSICON 命令→关闭（OFF）选项，其结果关闭坐标系的显示。若打开坐标系的显示，则选择该命令的"打开（ON）"选项。

（8）单击"视图"功能选项卡→"视觉样式"功能区→选择工具，结果如图 7-5 所示。

［技能提升］

1. 用简单的基本几何体，通过布尔运算，构建复杂的组合体是三维建模的基本理念。

2. 结合三维对象捕捉，经过 MOVE、ROTATE 等操作，可方便地将对象置于目标位置。

3. "视觉样式"中各工具按钮提供了对实体模型的不同显示效果。

4. 利用"三维导航"工具，可从任意方向观察三维对象。

［操作练习］

根据如图 7-6 所示二层平面图，对二层的墙体进行三维建模。

## 任务 7.1.2　门　窗　建　模

门是房屋中的一种重要构件，有很多形式，有一定的规格和功能要求。住宅内门常为实木制作，本任务只对实木门进行三维建模。

［任务描述］

根据图 7-7（a）实木门的尺寸，进行三维建模，结果如图 7-7（b）所示。

［相关知识］

1. 用户坐标系的设置。

2. 对实体进行布尔运算。

［技能要点］

1. 用户坐标系的设置，即 UCS 工具的使用。

2. "实体"功能选项卡中"图元"和"布尔运算"功能区各工具。

［任务实现］

1. 门框建模

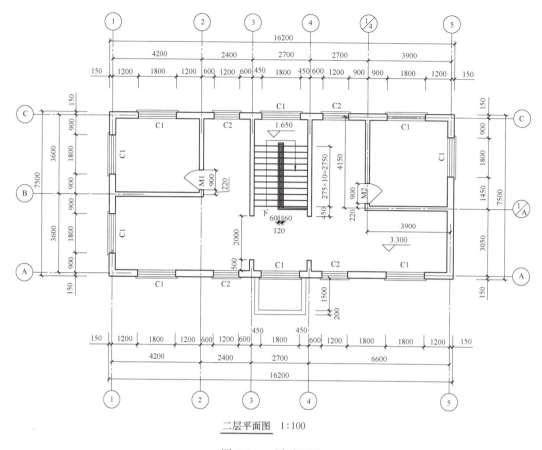

二层平面图　1:100

图 7-6　二层平面图

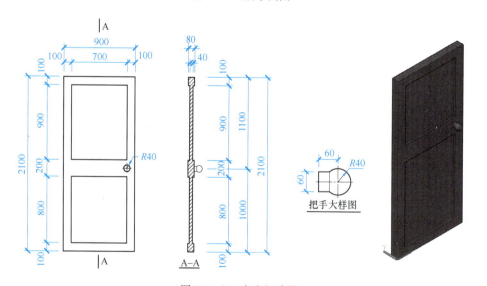

图 7-7　M1 实木门建模

（a）实木门投影图；（b）实木门实体图

（1）新建图形文件，命名为"门.dwg"。

（2）开设"门"和"门把手"两个图层，置图层"门"为当前。

（3）单击"实体"功能选项卡→"图元"功能区→选择 工具，输入角点坐标（300，300），"L"响应，长 900、宽 80、高 2100，创建的长方体如图 7-8（a）所示。

（4）同法创建起点坐标为（100，0，100），大小为（700，80，1000）的长方体 A 和起点坐标为（100，0，1300），大小为（700，80，700）的长方体 B，如图 7-8（b）所示。

（5）单击"实体"功能区→选择"差集"工具，先选择大的长方体↵后，再选择两个小的长方体，运算结果如图 7-8（c）所示。

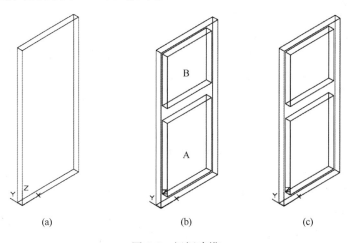

图 7-8　门框建模

（a）基体；（b）A、B 长方体；（c）差集运算

2. 门板建模

（1）创建起点坐标为（100，20，100），大小为（700，40，1000）的长方体 C 和起点坐标为（100，20，1300），大小为（700，40，700）的长方体 D，如图 7-9（a）所示。

（2）单击"实体"功能区→选择"并集"工具，选择大的门框↵后，再选择两个小的长方体 C 和 D，运算结果如图 7-9（b）所示。

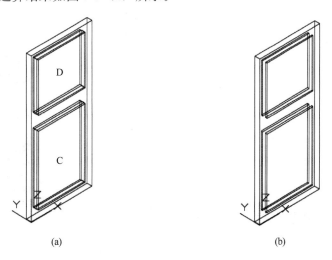

图 7-9　门板建模

（a）增加门板的门；（b）加好门板的门

图 7-10　实木门模型

3. 门把手建模

（1）置图层"门把手"为当前。单击"实体"功能区 → 选择"圆柱体"工具，输入底面圆心点坐标为（800，1200，0），直径为60，高度为60。

（2）选择"球体"工具，捕捉圆柱体上表面中心点为中心，输入半径40。

（3）选择"并集"工具，先选择主门，然后再选择球体和圆柱体。

（4）设置基点，将门左下角移动至坐标（0，0，0）；执行"BASE"命令，输入基点坐标（0，0，0），"灰度"显示，结果如图 7-10 所示。

［技能提升］

1. 二维图形必须在 XY 坐标面上绘制，因此要通过 UCS 工具设置用户坐标系，使之满足绘图平面方位的需要。

2. 三维构件的绘制思路，首先构建大形体的三维模型，在此基础上通过叠加、挖切等步骤完成整个构建建模。

3. 直接通过"实体"功能区基本几何体工具建立基本体时，这些形体的轴线是沿着 Z 轴方向的，因此在用这些几何体工具前，需要调整坐标系的方向。

［操作练习］

根据图 7-11，创建窗的实体模型。

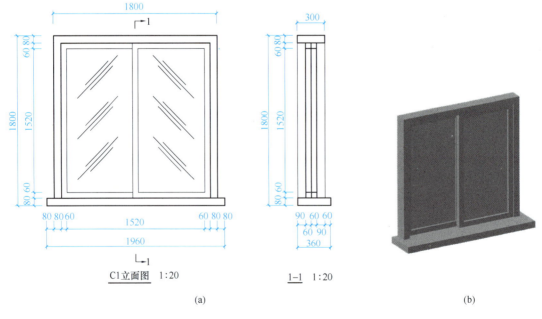

(a)　　　　　　　　　　　　　　　　　(b)

图 7-11　窗建模

（a）窗图样；（b）窗模型

### 任务 7.1.3　散　水　建　模

散水是与外墙勒脚垂直交接倾斜的室外地面部分，用以排除雨水，保护墙基免受雨水侵蚀。散水的宽度应根据土壤性质、气候条件、建筑物的高度和屋面排水形式确定，一般为 600～1000mm。当屋面采用无组织排水时，散水宽度应大于檐口挑出长度 200～300mm。为保证排水顺畅，一般散水的坡度为 3％～5％左右，散水外缘高出室外地坪30～50mm。散水常用材料为混凝土、水泥砂浆、卵石、块石等。

[任务描述]

根据如图 7-2 所示的一层平面图，试构建散水的实体模型。其中散水的断面如图 7-12 所示。

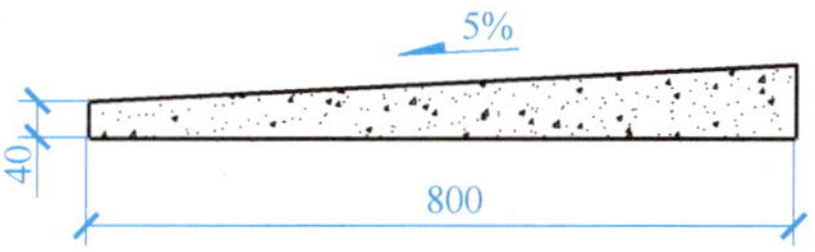

图 7-12　散水断面图

[相关知识]

1. 坡度斜线的画法。

2. 扫掠命令的运用。

[技能要点]

1. 用户坐标系的设置，即 UCS 工具的使用。

2. 关键命令有：SWEEP（扫掠，工具是"🧹"）、REGION、EXTRUDE（路径 P 选项）。

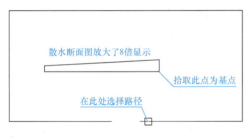

图 7-13　扫掠路径和散水断面

2. 扫掠生成散水实体模型（图 7-14）。

[任务实现]

1. 绘制扫掠路径和截面图形（散水断面）（图 7-13）。

（1）新建图形文件，命名为"散水 . dwg"。

（2）沿外墙外围绘制一个矩形，剪去门厅台阶宽度 2000，此线为扫掠时的路径。

（3）用 PLINE 绘制散水断面图形，使之成为一个对象。

图 7-14　散水模型

执行命令 SWEEP，流程如下：

命令：**SWEEP** ↵

当前线框密度：**ISOLINES＝8**，闭合轮廓创建模式 ＝ 实体

选择要扫掠的对象或 [模式（MO）]：**选择散水断面图形**

选择扫掠路径或 [对齐（A）/基点（B）/比例（S）/扭曲（T）]：**B** ↵

指定基点：**拾取散水断面图的右下角点**

选择扫掠路径或［对齐（A）/基点（B）/比例（S）/扭曲（T）］：**选择路径（参考图 7-13）**

[技能提升]

1. 在扫掠时，注意扫掠的路径为断开路径，不能是一个封闭路径。

2. 执行命令 SWEEP 过程中，所定义的截面图形基点，扫掠时该点在路径上；默认时基点为截面图形的中心。

3. 若截面图形不是由单一对象构成，可以用命令 PEDIT 将其合并成一个对象，或者用命令 REGION 将该区域定义为面域。

[操作练习]

根据如图 7-15 所示一层平面图，其中散水宽度为 800mm，散水坡度为 4％，构建该散水的三维模型。

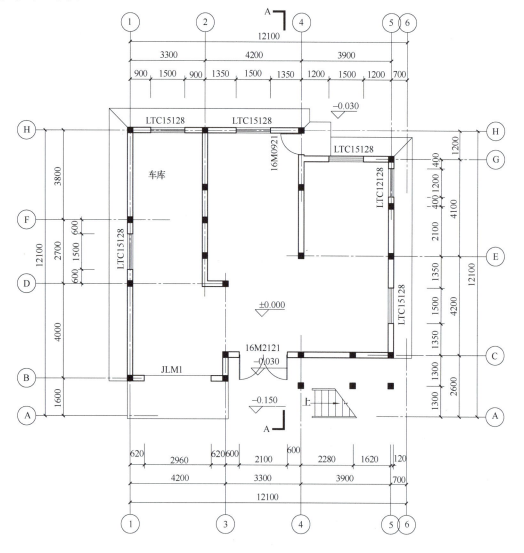

车库层平面图　1：100

图 7-15　车库层平面图

**196**

# 项目 7.2　复杂房屋构件建模

对简单形体的建模，采用拉伸、旋转、扫掠、布尔运算等手段比较方便得到实体。然而，对复杂形体，空间也复杂，必须具备定位空间的能力才能不迷失方向，就是要熟练使用 UCS 工具；再利用外部参照功能，这样能起到化繁为简的作用，从而能够构建很复杂的组合模型，如对整栋楼房的建模。

## 任务 7.2.1　楼梯及扶手建模

楼梯是建筑的基本组成部分，起到承上启下的作用，是上下楼层的通道，楼梯按承重形式分为梁式楼梯及板式楼梯，楼梯按梯段形式分为直跑、双跑等，楼梯的三维形体较为复杂，需要考虑上下梯段的位置关系，需要事先熟悉图纸，再依据一定的三维基础进行绘制，本任务主要呈现梁式楼梯及其扶手的建模技巧。

[任务描述]

根据如图 7-16 所示的楼梯平面图和剖面图，完成该双跑楼梯的三维模型（含扶手）。

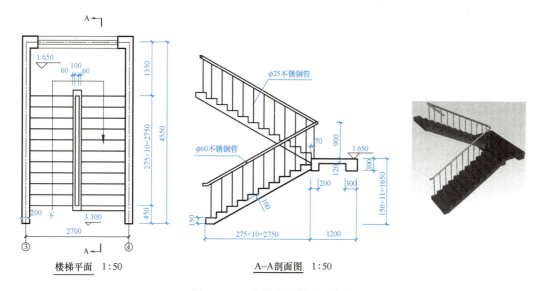

图 7-16　双跑楼梯图样和立体图

[相关知识]

1. 了解楼梯的基本构造。

2. 进一步熟悉三维工具。

[技能要点]

1. 通过用户坐标系的设置，即 UCS 工具的使用，确定绘图平面。

2. 关键命令有：SLICE（剖切）、SOLIDEDIT（拉伸面，工具为 ）、SWEEP（扫

197

掉）、CYLINDER（圆柱）。

3. 回转体的轴线方向为坐标系 Z 轴方向的一致性。

[任务实现]

1. 梯段建模

（1）新建一个图形文件，命名为"楼梯.dwg"，并对"三维建模"工作空间进行环境设置。

（2）创建"梯段""休息平台""栏杆"和"扶手"四个图层，置图层"梯段"为当前。

（3）创建楼梯的第一阶踏步。选择"长方体"工具，输入角点坐标（0，0），然后输入对角点坐标（@275，1200），最后输入高度 150。

（4）复制出第一梯段的其余十阶踏步，将下十阶踏步合并（不要合并最上一阶踏步）。

（5）单击"视图"功能选项卡➔"视图"功能区➔选择 前视 显示视图➔绘制如图7-17所示的四边形，并编辑（PEDIT）为一个对象。

（6）单击"实体"功能选项卡➔"实体"功能区➔选择"拉伸"工具，输入数据"－1200"。

（7）切去多余的踏步下角，如图 7-18 所示。切换视图为"西南等轴测"观察三维对象。选择"实体编辑"功能区的"剖切"工具 剖切，命令执行流程如下：

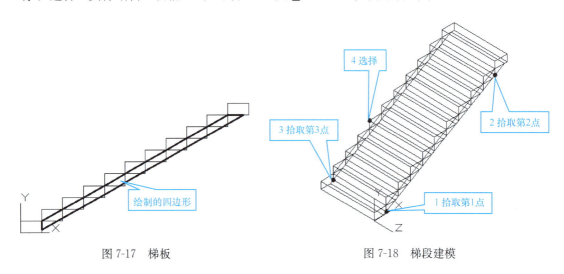

图 7-17　梯板　　　　　　　　　　图 7-18　梯段建模

命令：**SLICE** ↵
选择要剖切的对象：**选择梯段**　找到 1 个
选择要剖切的对象：↵
指定切面的起点或 ［平面对象（O）/曲面（S）/z 轴（Z）/视图（V）/xy（XY）/yz（YZ）/zx（ZX）/三点（3）］〈三点〉：↵（以三点的方式确定剖切平面）
　　指定平面上的第一个点：**拾取梯板底面的一个角点**
　　指定平面上的第二个点：**拾取梯板底面的另一个角点**
　　指定平面上的第三个点：**拾取梯板底面的第三个角点**
　　在所需的侧面上指定点或 ［保留两个侧面（B）］〈保留两个侧面〉：**单击梯段上部（为保留）**

（8）合并所有对象。

2. 休息平台建模（图 7-19）

（1）置图层"休息平台"为当前。

（2）绘制休息平台截面图形，并使之成为一个对象。

（3）执行 EXTRUDE 命令，输入数据"－2500"。

3. 栏杆建模（图 7-20）

（1）置图层"栏杆"为当前。

（2）单击"视图"功能选项卡→"坐标"功能区→选择"世界" 🖳 🖳 工具→选择"原点" ⤢ 工具，捕捉第一台阶后中点。

（3）单击"实体"功能选项卡→选择"圆柱体"工具，圆心距离楼梯边距为 60，高度为 900，如图 7-20（a）所示。

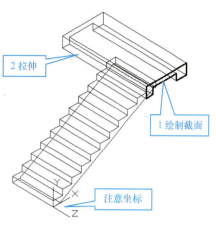

图 7-19　休息平台建模

（4）执行 COPY 命令，选择竖向栏杆进行复制，如图 7-20（b）所示（图中关闭了图层"休息平台"）。

（5）将所有栏杆合并。

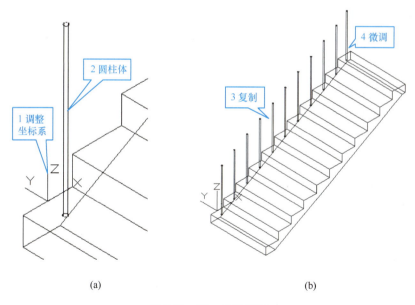

(a)　　　　　　　　　　　　　(b)

图 7-20　第一梯段栏杆

(a) 调整坐标系；(b) 复制和微调栏杆

4. 第二梯段建模（图 7-21）

（1）复制的梯段和栏杆。

（2）选择"三维运算"功能区的"三维旋转" 🔲 三维旋转 工具，选择 Z 轴为旋转轴，旋转角度为 180°，并对旋转后"梯段和栏杆"移动到目标位置。

（3）切去梯段多余的部分后，将两梯段合并。

（4）同样对栏杆进行修整，然后合并。

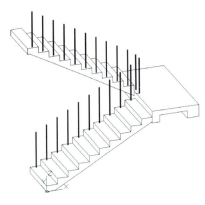

图 7-21　第二梯段和栏杆建模

（5）使用"观察"功能区的"动态观察" 工具，调整视角，消隐（命令是 HIDE）显示，结果如图 7-21 所示。

5. 扶手建模

（1）置图层"扶手"为当前。

（2）单击"视图"功能选项卡→"视图"功能区→选择 前视 显示视图→用命令 LINE，捕捉栏杆顶端的圆心点，将两斜线延伸"外观相交"，如图 7-22（a）所示。

（3）西南等轴测显示视图，用命令 LINE 补全横线路径，如图 7-22（b）所示。

（4）选择"坐标"功能区"UCS" 工具→"三点"选项响应后，分别拾取新坐标系的原点、X 轴和 XOY 坐标面→用圆角命令进行半径为 60 的圆角操作，如图 7-22（c）所示。

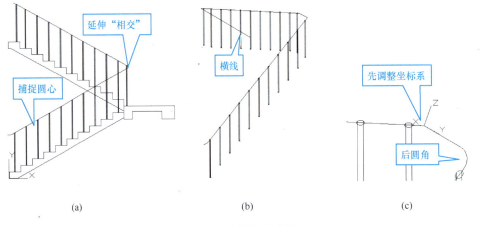

图 7-22　绘制扶手路径
（a）捕捉圆心；（b）补齐横线；（c）圆角路径

（5）回到世界坐标系，绘制扶手截面直径为 60 的圆。

（6）单击"实体"功能选项卡→"实体"功能区→选择"扫掠" 工具，选择圆作为扫掠截面，拾取下段直线作为扫掠路径，如图 7-23（a）所示。

（7）使用"观察"功能区的"动态观察" 工具，调整视角→用"实体编辑"功能区的"拉伸面" 工具，拾取前圆端面后，用"P（路径）"选项，然后选择圆弧路径，如图 7-23（b）所示。

（8）继续相同操作，完成扶手建模，如图 7-23（c）所示。

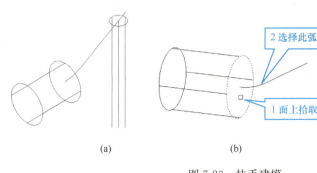
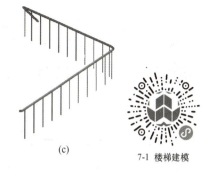

7-1　楼梯建模

(a)　　　　　　　　　　(b)　　　　　　　　　　(c)

图 7-23　扶手建模

（a）扫掠首段；（b）补齐横线；（c）编辑扶手

[技能提升]

1. 三维导航工具是调整三维视觉的工具，需要掌握其使用方法。

2. 设置各种用户坐标系。三维建模时，坐标系极为重要。可以说驾驭坐标系是三维建模最基本的需要，也是最重要、最关键的起步。

3. 扫掠的路径线必须在同一个平面上，如果不在同一个平面上，可进行多次扫掠。

4. PLINE 命令总是在 XOY 坐标面内绘图，而 LINE 命令可以在空间绘图。适当地画些辅助线，对目标捕捉很有帮助。

[操作练习]

根据如图 7-24 所示双分楼梯的图样，完成该双分楼梯的三维模型。

## 任务 7.2.2　屋　顶　建　模

屋顶是房屋的围护结构，起到保温、围护及防水作用，屋顶的形式多样，有平屋顶和坡屋顶，坡屋顶又可以分为单坡式、双坡式、四坡式和折腰式等，本任务主要针对四坡式屋顶进行三维建模。

[任务描述]

根据如图 7-25 所示屋顶平面图和详图，对屋顶、挑檐等进行建模。

[相关知识]

1. 了解屋顶的基本构造。

2. 拉伸生成实体时，角度选项的应用。

3. 扫掠时对路径的要求。

4. 对实体进行"面拉伸""倾斜面""旋转面""抽壳"等实体编辑。

[技能要点]

1. 用户坐标系的设置，即 UCS 工具的使用。

2. 关键命令有：SOLIDEDIT（倾斜面、旋转面、面拉伸、抽壳等）、EXTRUDE（拉伸）。

[任务实现]

1. 屋顶三维建模

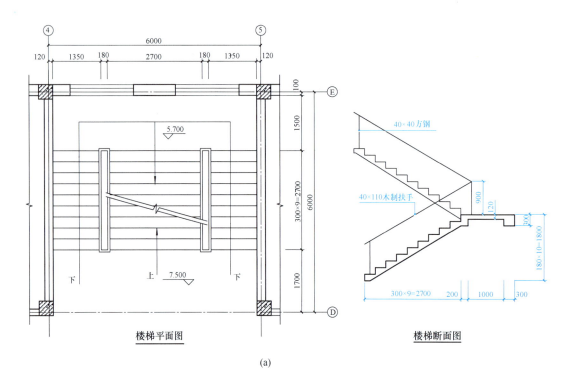

楼梯平面图　　　　　　　　　　楼梯断面图

(a)

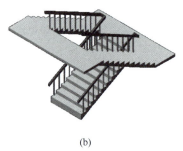

(b)

图 7-24　双分楼梯的图样和立体图
（a）楼梯图样；（b）楼梯立体图

（1）新建一个图形文件，命名为"屋顶.dwg"。

（2）开设"屋顶""挑檐"两个图层，并置图层"屋顶"为当前。

（3）用 BOX 命令，构建长方体：原点为（0，0），长 16200，宽 7500，高 2600。

（4）"西南等轴测"显示视图。

（5）选择"实体编辑"功能区的"倾斜面" 倾斜面 工具，如图 7-26 所示，命令提示如下：

命令：**SOLIDEDIT** ↵

……　**（此处省略了部分提示信息）**

选择面或［放弃（U）/删除（R）］：**选择前左侧面**　找到一个面。

选择面或［放弃（U）/删除（R）/全部（ALL）］：↵

指定基点：**拾取下角点**

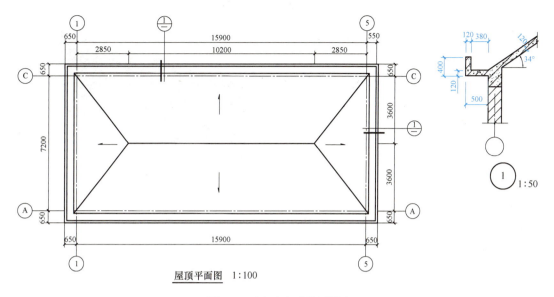

图 7-25　屋顶平面图和详图

指定沿倾斜轴的另一个点：**拾取上角点**

指定倾斜角度：**56** ↵　（此面已成坡屋面）

（6）同样方法，编辑其余三个面成坡屋面，操作中需要结合使用"动态观察" ⊙、UCS 等工具，结果如图 7-27 所示。

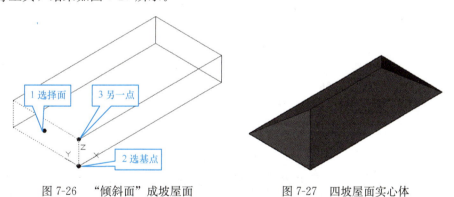

图 7-26　"倾斜面"成坡屋面　　　　图 7-27　四坡屋面实心体

（7）抽壳掏空成屋盖。首先，利用"动态观察"工具，调整视图显示，使得底面的显示向外，如图 7-28（a）所示的 XOY 坐标面；然后，选择"实体编辑"的"抽壳" 回 **抽壳**工具，命令提示如下：

命令：**SOLIDEDIT** ↵

……　　（此处省略了部分提示信息）

选择三维实体：**单击任意处的坡屋面实心体轮廓线**

删除面或［放弃（U）/添加（A）/全部（ALL）］：**U** ↵（选择开口面）

删除面或［放弃（U）/添加（A）/全部（ALL）］：**选择底面**　找到一个面，已删除 1 个。

删除面或［放弃（U）/添加（A）/全部（ALL）］：　↵

输入抽壳偏移距离：**120**　多次↵

203

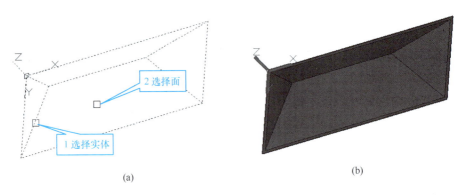

图 7-28　抽壳后的屋盖

（a）视觉调整与选择；（b）抽壳结果

2. 屋盖下口墙体

（1）"西南等轴测"显示视图。

（2）首先，绘制角点为原点（0，0），对角点为（16200，7500）的长方形；其次，向内偏移 300 得第二个长方形；再次，用 EXTRUDE·命令将向下拉伸 120 得两个长方体；最后，向上复制出一个小长方体，将两个小长方体合并，如图 7-29（a）所示。

（3）进行"实体编辑"的"拉伸面"操作，如图 7-29（b）所示，命令提示如下：

命令：**SOLIDEDIT**　↵

……　（此处省略了部分提示信息）

选择面或［放弃（U）/删除（R）］：**选择底面**　找到一个面。

选择面或［放弃（U）/删除（R）/全部（ALL）］：

指定拉伸高度或［路径（P）］：**100**

指定拉伸的倾斜角度〈0〉：**56**　↵多次

（4）差集运算，减去内的长方体。

（5）与屋盖合并，如图 7-29（c）所示。

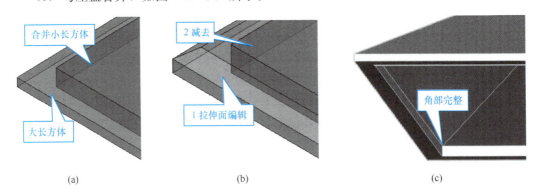

图 7-29　屋盖下口墙体

（a）大小长方体；（b）大小长方体；（c）屋盖下口墙体

3. 扫掠生成挑檐模型

（1）置图层"挑檐"为当前；用"PLINE"命令沿屋边四周绘制不封闭的矩形作为

扫掠路径，最后一点采用捕捉，不能用"闭合"选项。

（2）绘制挑檐的 L 形截面图形。

（3）用扫掠命令"SWEEP"完成挑檐模型，如图 7-30 所示。

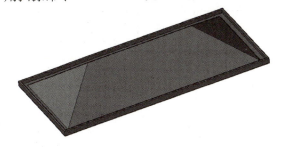

7-2 屋顶建模

图 7-30　屋顶三维图

[技能提升]

1. 拉伸（EXTRUDE）实体和"面拉伸"编辑实体，都可以指定拉伸的倾斜 −90°～90° 之间角度。在响应指定的角度时，正角度将往里收束，负角度将往外扩张。默认角度为 0，以垂直于平面拉伸面。选择集中的所有选定的面将倾斜相同角度。如果指定了较大的倾斜角或高度，则在达到拉伸高度前，面可能会汇聚到一点，也可能失败。

2. 拉伸（EXTRUDE）后删除还是保留原对象，取决于 DELOBJ 系统变量的值。

3. 用实体编辑工具，会有效提高建模速度。

4. 可以用"旋转面"编辑工具是 旋转面 ，实现坡屋顶的建模。

5. 常常用拾取两点的方法，以这两点的距离来响应某一尺寸数值。这样做保证了形体间的尺寸关联，也就保证了其几何关系，尤其适用于自由创作。

6. 灵活使用图形显示的各种模式、图形窗口显示的各种控制方法，对拾取对象、观察形体很有帮助。

[操作练习]

根据如图 7-31 所示屋顶，构建实体模型。

## 任务 7.2.3　组建房屋模型

本单元前各任务以及一些练习，已构建了房屋的若干构件模型，分别有墙体、门窗、散水、楼梯和屋顶等。从这些任务实现过程中，可发现很多任务用到相同或基本相同的数据或图形，这是重复劳动，应予避免。本任务将展示整幢房屋建模的方法，体会外部参照工具在组建房屋模型中的重要作用。

[任务描述]

请结合本单元上述的任务各图：一层平面图、二层平面图、M1 详图、C1 详图、散水断面图、楼梯大样图和屋顶平面图，以及图 7-32，完成该幢房屋的建模。

205

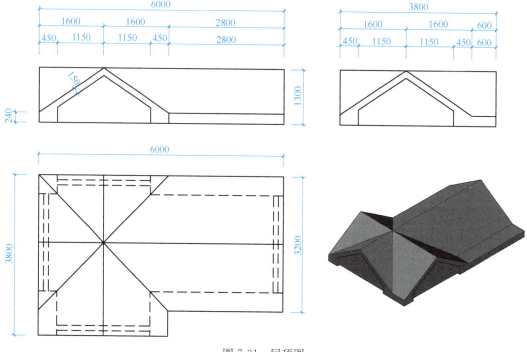

图 7-31　屋顶图

[相关知识]

1. 了解房屋的组成构件分类。

2. 熟悉外部参照工具，详见单元 6 项目 6.2。

[技能要点]

1. 需进行规划，拆分构建，将大部分构件的相同或基本相同的数据和图形专门用一个文件先绘制出来，不妨将该文件称为"基本"文件。

2. 利用"外部参照"是创建组合模型的重要手段。

[任务实现]

1. 新建文件夹"房屋建模"，以后将所有的文件都存入此文件夹中。

2. 新建"基本.dwg"图形文件，该文件主要包括一、二层平面图轴线、外墙轮廓，将外墙轮廓的左下角置于原点，如图 7-33 所示。

3. 楼基础层建模

（1）打开"基本.dwg"文件，另存为"基础.dwg"。

（2）开设"基础"图层，并置为当前。

（3）只保留墙体外廓矩形，删除其余图线。

（4）拉伸−600，保存文件。

4. 一层墙体建模

（1）打开"基本.dwg"文件，另存为"一层墙体.dwg"。

（2）参见项目 7.1 的构建过程，完成一层墙体建模，保存文件。

5. 同样方法完成二层墙体建模。

6. 类似过程完成"楼层""门厅""楼梯""散水""M1""M2""C1""C2""房顶"

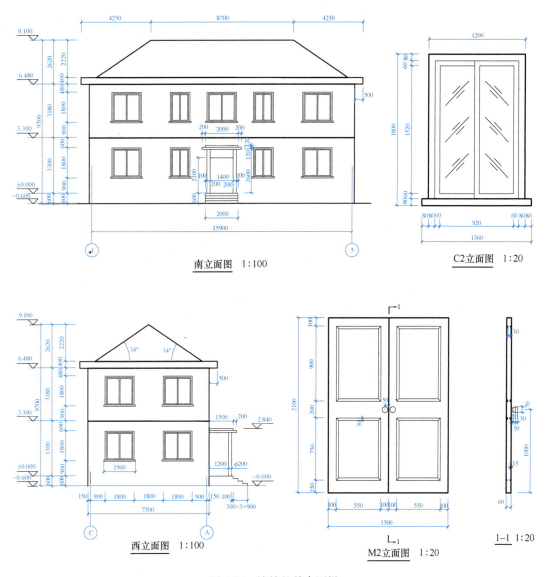

南立面图 1:100

C2立面图 1:20

西立面图 1:100

M2立面图 1:20

1—1 1:20

图 7-32 该楼的其余图样

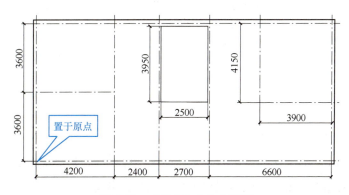

置于原点

图 7-33 "基本"文件中图形

等建模。

7. 组装房屋

（1）新建"房屋.dwg"文件。

（2）将系统变量"XDWGFADECTL"的值设为"0"。

（3）利用"外部参照"选项板，"附着"已建好的各构件。单击"插入"功能选项卡→单击"参照"功能区中的"附着"工具→打开"选择外部参照文件"对话框，从中选择要"附着"的文件，如"基础.dwg"文件→输入附着插入基点（0，0）。

（4）同样方法附着"散水""一层墙体""门厅""楼梯""M1""M2""C1""C2"等文件，然后用"移动"操作，将各构件组装到位，如图 7-34 所示。

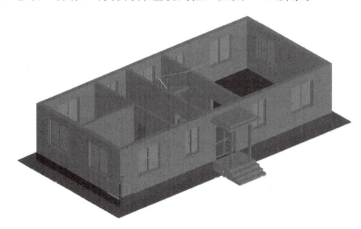

图 7-34　组建一层

（5）继续用"外部参照"工具，完成整个房屋组建，如图 7-35 所示。

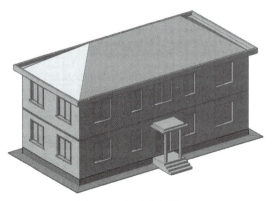

图 7-35　组建房屋模型

7-3 组建房屋模型

［技能提升］

1. 因参照与坐标系有关，所以对被参照的外部图形，在最后都应回到世界坐标系。

2. 在构建复杂组建前，要全盘规划，减少或避免重复性操作。

3. 窗玻璃可以用曲面建模的方法创建。

[操作练习]

　　根据如图 7-36 所示楼房的建施图，试构建该房屋的模型，楼梯和门窗请根据建筑的一般形式要求，自行决定样式。

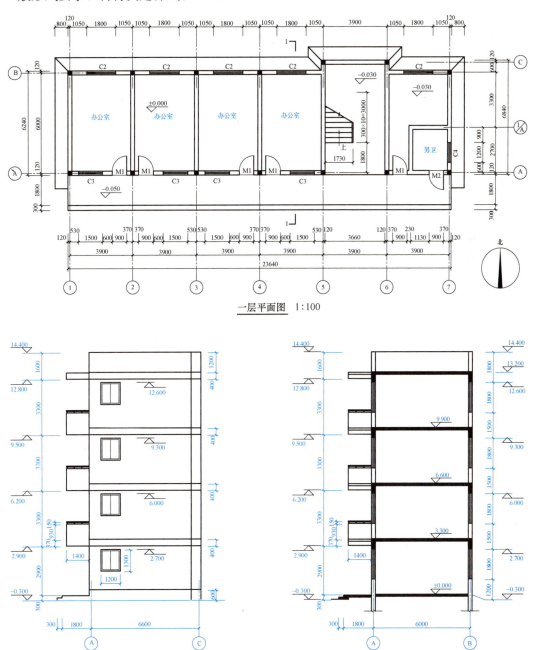

图 7-36　楼房的建施图

# 附录1　2021年全国职业院校技能大赛建筑CAD项目"建筑施工图识图与理论"赛题剖析

该模块侧重于考核参赛选手建筑投影知识应用能力、建筑制图标准和规则应用能力、建筑构造知识应用能力和对房屋建筑学理论知识应用能力。

## 一、"建筑施工图识图与理论"赛卷

赛卷真题可随课件PPT一同下载，此处二维码可在线翻阅。

附1-1　"建筑施工图识图与理论"赛卷

## 二、"建筑施工图识图与理论"赛题剖析

### 一、识图单选题

#### 第1题

【答案】：B

【依据】：立体图见附图1-1。

#### 第2题

【答案】：C

【依据】：立体图见附图1-2。

附图1-1　立体图

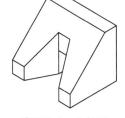

附图1-2　立体图

## 第3题

【答案】：A

【依据】：立体图及剖切图见附图1-3。

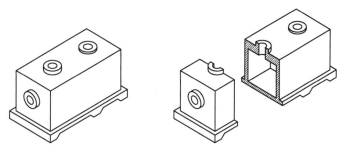

附图1-3 立体图及剖切图

## 第4题

【答案】：A

【依据】：《房屋建筑制图统一标准》GB/T 50001—2010 规定了不同材料的图例，见附表1-1。

常用建筑材料图例 附表1-1

| 序号 | 名称 | 图例 | 备注 |
|---|---|---|---|
| 5 | 石材 | | |
| 7 | 普通砖 | | 包括实心砖、多孔砖、砌体。断面较窄不易绘出图例时，可涂红，并在图纸备注中加注说明，画出该材料图例 |
| 8 | 耐火砖 | | 包括耐酸砖 |
| 20 | 金属 | | 1. 包括各种金属<br>2. 图形小时，可涂黑 |

## 第5题

【答案】：A

【依据】：《房屋建筑制图统一标准》GB/T 50001—2010 第 11.7.4 条。

对称构配件采用对称省略画法时，该对称构配件的尺寸线应略超过对称符号，仅在尺寸线的一端画尺寸起止符号，尺寸数字应按整体全尺寸注写，其注写位置宜与对称符号对齐。

## 第6题

【答案】：D

【依据】：《房屋建筑制图统一标准》GB/T 50001—2010。

索引出的详图，如与被索引的详图不在同一张图纸内，应在索引符号的上半圆中用阿拉伯数字注明该详图的编号，在索引符号的下半圆用阿拉伯数字注明该详图所在图纸的编号。数字较多时，可加文字标注。

## 第7题

【答案】：C

【依据】：基于《房屋建筑学》。

基础埋深定义：室外地坪至基础底面的距离（不含垫层，与基础圈梁无关），有时3∶7灰土层为基础的一部分。

## 第8题

【答案】：C

【依据】：《住宅建筑构造》11J930 P49。

## 第9题

【答案】：B

【依据】：B选项板最薄且孔隙率最大，隔声效果最差。

## 第10题

【答案】：C

【依据】：其他三种形式只能满足竖直方向的变形。

## 第11题

【答案】：D

【依据】：D选项中缝宽20～50mm可以用细石混凝土灌缝，B选项的做法是缝宽在50～120mm之间，所以当缝宽60mm时，需布置2φ6通长钢筋。

## 第12题

【答案】：B

【依据】：《楼梯 栏杆 栏板（一）》15J403-1 P12，≥300mm范围内。

## 第13题

【答案】：A

【依据】：《平屋面建筑构造》12J201中A6、A15、B2、B5节点。

由于为上人屋面，故B、D选项错误，C选项中倒置式屋面中不适合用空隙率大的材料作为保温层，加气混凝土块属于该种材料。

## 第14题

【答案】：C

【依据】:《屋面工程技术规范》GB 50345—2012 第 4.2.11 条。

屋面排水不能流经施工缝,只有 C 选项没有流经。

### 第 15 题

【答案】:C

【依据】:从照度和亮度之间的关系式看出平天窗形成的立体角大,所设其照度值就高,单侧天窗垂直时照度值最差。

## 二、识图多选题

### 第 1 题

【答案】:A、C

【依据】:A、C 选项立体图见附图 1-4。

### 第 2 题

【答案】:A、E

【依据】:A、E 选项立体图见附图 1-5。

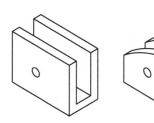 

附图 1-4  立体图      附图 1-5  立体图

### 第 3 题

【答案】:B、C、D

【依据】:B、C、D 选项立体图见附图 1-6。

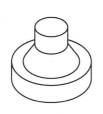  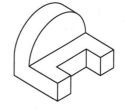

附图 1-6  立体图

### 第 4 题

【答案】:A、B、D、E

【依据】:《建筑制图统一标准》GB 50104—2010 关于构造及配件图例,见附表 1-2。

构造及配件图例　　　　　　　　　　　　　　　　　　　　　附表 1-2

| 序号 | 名称 | 图例 | 备注 |
|---|---|---|---|
| 6 | 坡道 | 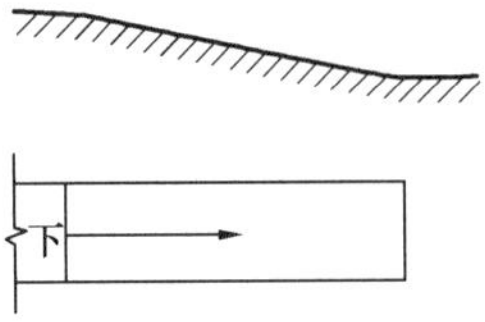 | 长坡道 |
| | | 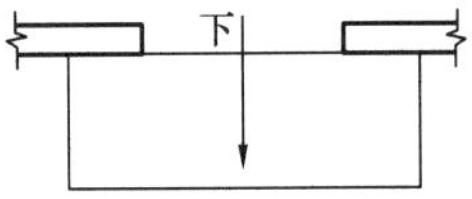 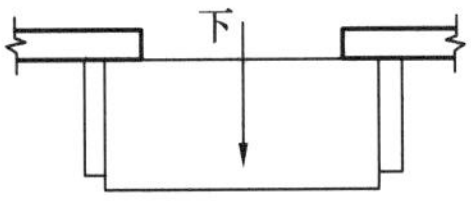 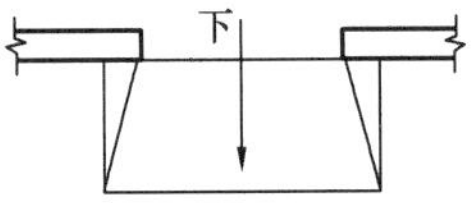 | 上图为两侧垂直的门口坡道，中图为有挡墙的门口坡道，下图为两侧找坡的门口坡道 |
| 7 | 台阶 | 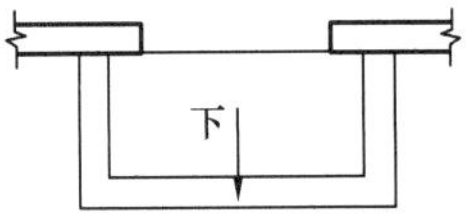 | |

### 第 5 题

【答案】：B、C

【依据】：《建筑制图统一标准》GB 50104—2010 关于构造及配件图例，见附表 1-3。

构造及配件图例　　　　　　　　　　　　　　　　　　　　　附表 1-3

| 序号 | 名称 | 图例 | 备注 |
|---|---|---|---|
| 47 | 高窗 | 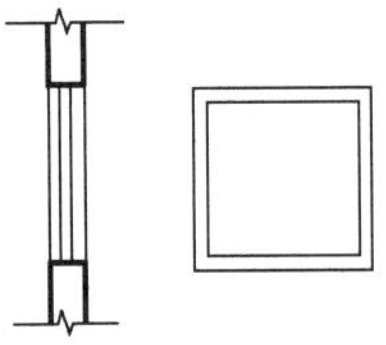 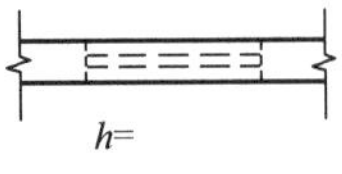 | 1. 窗的名称代号用 C 表示。<br>2. 立面图中，开启线实线为外开，虚线为内开。开启线交角的一侧为安装合页一侧。开启线在建筑立面图中可不表示，在门窗立面大样图中需绘出。<br>3. 剖面图中，左为外，右为内。<br>4. 立面形式应按实际情况绘制。<br>5. $h$ 表示高窗底距本层地面标高。<br>6. 高窗开启方式参考其他窗型 |

标准中规定：英文字母作为轴线号时，应全部采用大写字母，不应用同一个字母的大小写来区分轴线号。英文字母的 I、O、Z 不得用作轴线编号。当字母数量不够使用时，可增用双字母或单字加数字注脚。

## 第 6 题

【答案】：B、D

【依据】：《房屋建筑制图统一标准》GB/T 50001—2017 第 7.2.2 条。

索引符号如用于索引剖视详图，应在被切的部位绘制剖切位置线，并以引出线引出索引符号，引出线所在的一侧应为剖视方向。

## 第 7 题

【答案】：C、E

【依据】：《建筑地基基础设计规范》GB 50007—2011 第 8.2.4 条。

依据 8.2.4-1 可知：柱插入基础深度与柱截面宽度相关，当柱宽＝900 时，柱的插入深度应≥800mm 且≥0.9$h$。因此本题，柱子插入深度应保证 810mm。C、D、E 选项入选。

依据 8.2.4-2 可知，当柱宽＝900 时，基础杯底厚度≥200mm；杯壁厚度大于等于300mm，C、D、E 选项均符合要求。

由 8.2.4 条注可知，基底高度 $a_2$ ≥杯底厚度 $a_1$，D 选项排除，因此，C、E 选项正确。

## 第 8 题

【答案】：C、D

【依据】：图集《住宅建筑构造》11J930 变形缝防水构造。

比对图集可知，A、B 选项正确；C 选项迎水面在下侧，错误；D 选项应为遇水膨胀止水条，普通橡胶止水带无法达到此处防水目的，错误。E 选项为金属止水带，位置正确。

## 第 9 题

【答案】：A、C

【依据】：《工程做法（2008 年建筑结构合订本）》J909、G120。

散水放坡是应该素土夯实时进行找坡，明沟中心线应与屋檐滴水位置对齐，散水长度比挑檐多 200mm 左右，散水应与墙体断开并用嵌缝膏处理，利用素土夯实找坡。

## 第 10 题

【答案】：C、D、E

【依据】：《砌体填充墙结构构造》12G614-1，P23。

C 选项中钢筋应伸入地面以下 500mm，D 选项中应用钢筋将芯柱与基础连接，E 选项中下部小砌块应用混凝土灌实。

## 第 11 题

【答案】：A、B

【依据】：C、E 选项属于室外地面的伸缝，D 选项属于横向缩缝（假缝）。

## 第 12 题

【答案】：B、C、D

【依据】：《无障碍设计规范》GB 50763—2012、《楼梯 栏杆 栏板（一）》15J403-1。

扶手末端应向内拐到墙面或向下延伸不小于 100mm，栏杆式扶手应向下成弧形或延伸到地面上固定。

## 第 13 题

【答案】：A、B、D

【依据】：《坡屋面建筑构造（一）》09J202-1。

C 选项中为细石混凝土，E 选项中结构层之上设置找平层。

## 第 14 题

【答案】：A、B、D

【依据】：《屋面工程技术规范》GB 50345—2012 关于檐沟和天沟。

A 选项中泛水固定处应挑出一段距离，B 选项中空铺 100mm 错误，D 选项中还需增加金属压条。

## 第 15 题

【答案】：D、E

【依据】：门缝不防风，所以选择 D、E。

## 三、理论单选题

### 第 1 题

【答案】：B

【依据】：基于《房屋建筑学》。

为避免冻融循环对建筑物基础的不利影响，通常建筑物基础应埋置于冰冻线以下 200mm 处。

### 第 2 题

【答案】：D

【依据】：《种植屋面建筑构造》14J206，P9。

地下建筑顶板防水层的泛水高度应高出种植土 500mm。

### 第 3 题

【答案】：D

【依据】：《地下工程防水技术规范》GB 50108—2008，第 5.1.6 条。

变形缝防水构造，采用中埋式止水带与其他防水措施复合使用。

### 第 4 题

【答案】：C

【依据】：基于《房屋建筑学》。

"三七墙"应是 365mm。

### 第 5 题

【答案】：B

【依据】：基于《房屋建筑学》。

有骨架体系玻璃幕墙主要受力构件是幕墙骨架，按连接构造方式分为明框、隐框和半隐框玻璃幕墙。

## 第 6 题

【答案】：B

【依据】：基于《房屋建筑学》。

房间的声音穿透墙体主要是靠空气传播，所以越密实的材料隔声效果越好。

## 第 7 题

【答案】：B

【依据】：《住宅建筑构造》11J930 中关于卫生间说明。

关于卫生间说明 3.8 中指出：无障碍卫生间的门槛高度及门内外地面高差不应大于 15mm，并应以斜坡过渡。

## 第 8 题

【答案】：D

【依据】：基于《房屋建筑学》。

建筑地面中设置起隔声、保温、找坡或暗敷管线等作用的构造层。

## 第 9 题

【答案】：A

【依据】：基于《房屋建筑学》。

A 选项中疏散楼梯间宜靠外墙设置，靠外墙设置时，楼梯间、前室及合用前室外墙上的窗口与两侧门、窗、洞口最近边缘的水平距离不应小于 1.0m。

## 第 10 题

【答案】：C

【依据】：《楼梯 栏杆 栏板（一）》15J403-1，P16。

学校临空处防护栏杆≥1100mm。

## 第 11 题

【答案】：A

【依据】：《屋面工程技术规范》GB 50345—2012，P9。

严寒地区应采用内排水，寒冷地区宜采用内排水。

## 第 12 题

【答案】：C

【依据】：《屋面工程技术规范》GB 50345—2012，P15：第 4.5.8 条。

A 选项是找坡层，不能起到防水作用；B 选项是作为防止防水层与基层不均匀变形设置；D 选项是混合砂浆无防水功能；C 选项是可以作为一道防水设防。

## 第 13 题

【答案】：A

【依据】：《屋面工程技术规范》GB 50345—2012，P24：表 4.9.14。

夹芯板的纵向搭接应顺流水方向，夹芯板的横向搭接宜与主导风向一致。

## 第 14 题

【答案】：A

【依据】：《建筑模数协调标准》GB/T 50002—2013，第3.1.1条。

基本模数的数值应为100mm（1M等于100mm）。整个建筑物和建筑物的一部分以及建筑部件的模数化尺寸，应是基本模数的倍数。

## 第 15 题

【答案】：B

【依据】：基于《房屋建筑学》。

推拉窗、平开窗多适用于卧室；悬窗多适用于高窗；固定窗不能开启，多适用于天窗。

## 第 16 题

【答案】：A

【依据】：基于《房屋建筑学》。

刚性基础台阶的宽高比设计受到刚性角 $\alpha$ 的限制，使基础大放脚与基础材料的刚性角一致，可以节约基础材料。

## 第 17 题

【答案】：A

【依据】：基于《房屋建筑学》。

砖基础采用逐级放大的台阶式，为满足刚性角的要求，砖基础台阶宽高比应小于1：1.5，一般采用每2皮砖挑出1/4砖的砌筑方法。

## 第 18 题

【答案】：C

【依据】：基于《房屋建筑学》。

横墙承重体系墙体位置比较固定。

## 第 19 题

【答案】：D

【依据】：基于《房屋建筑学》。

A选项混合砂浆适用于地上部位；B选项隔汽层应在靠高温一侧；C选项先砌墙再浇筑构造柱。

## 第 20 题

【答案】：D

【依据】：《住宅建筑构造》11J930，P194。

## 第 21 题

【答案】：A

【依据】：《全国民用建筑工程设计技术措施》2009 JSCS——《规划·建筑·景观》分册，第6.2.15节。

夏热冬冷和夏热冬暖地区的建筑，其底层地面为减少梅雨季节的结露，宜采取下列措施：

① 地面构造层热阻不小于外墙热阻的 1/2；

② 地面面层材料的导热系数要小，使其温度易于适应室温变化；

③ 外墙勒脚部位设置可开启的小窗加强通风降低空气温度；

④ 在底层增设 500～600mm 高地垄墙架空层，架空层彼此连通，并在勒脚处设通风孔及箅子，加强通风降低空气温度；燃气管道不得穿越此空间。

## 第 22 题

【答案】：C

【依据】：《无障碍设计规范》GB 50763—2012 中 3.6.1 条，无障碍楼梯应符合下列规定：

1. 宜采用直线形楼梯；

2. 公共建筑楼梯的踏步宽度不应小于 280mm，踏步高度不应大于 160mm；

3. 不应采用无踢面和直角形突缘的踏步；

4. 宜在两侧均做扶手；

5. 如采用栏杆式楼梯，在栏杆下方宜设置安全阻挡措施；

6. 踏面应平整防滑或在踏面前缘设防滑条；

7. 距踏步起点和终点 250～300mm 宜设提示盲道；

8. 踏面和踢面的颜色宜有区分和对比；

9. 楼梯上行及下行的第一阶宜在颜色或材质上与平台有明显区别。

## 第 23 题

【答案】：D

【依据】：基于《房屋建筑学》。

## 第 24 题

【答案】：A

【依据】：基于《房屋建筑学》，《屋面工程技术规范》GB 50345—2012，第4.2.11 条。

沟内纵向坡度不应小于 1%，沟底水落差不得超过 200mm。

## 第 25 题

【答案】：D

【依据】：基于《房屋建筑学》。

钢门窗框与墙的连接是由樘四周固定的燕尾铁脚，伸入墙上的预留孔，用水泥砂浆锚固（砖墙时），或将铁脚与墙上预埋件焊接（混凝土墙时）。

## 第 26 题

【答案】：A

【依据】：《楼梯 栏杆 栏板（一）》15J403-1，P16。

临空栏杆离楼面 100mm 高度内不宜留空，宜设翻边。

## 第 27 题

【答案】：A

【依据】：基于《房屋建筑学》。

B 选项中台阶数不应少于 2 级；C 选项显然错；D 选项中台阶的长度应大于门的宽度。

## 第 28 题

【答案】：C

【依据】：《楼梯栏杆栏板》15J403-1，P15。

高层公共建筑中临空处防护栏杆及栏板最小高度为 1100mm。

## 第 29 题

【答案】：C

【依据】：《屋面工程技术规范》GB 50345—2012，表 4.11.11。

B 选项中檐沟的附加卷材层由沟底上翻至外侧顶部；C 选项中涂膜防水收头采用防水涂料多遍涂刷；D 选项中卷材防水收头应用金属压条顶压，并用密封材料封严。

## 第 30 题

【答案】：D

【依据】：《建筑装饰装修工程质量验收规范》GB 50210—2001，第 5.1.8 条。

金属门窗和塑料门窗安装应采用预留洞口的方法施工，不得采用"边安装边砌口"或"先安装后砌口"的方法施工。

## 四、理论多选题

### 第 1 题

【答案】：B、C

【依据】：基于《房屋建筑学》。

B 选项，端承桩与摩擦桩不能单纯从是否嵌岩来区分，还要考虑上覆土层的性质和厚度、桩长径比、嵌入基岩性质、嵌岩深径比和桩底沉渣厚度等因素；C 选项，人工挖孔桩属于灌注桩。

### 第 2 题

【答案】：B、C、D

【依据】：基于《建筑材料与构造》。

地下工程的防水设计，应根据地表水、地下水、毛细管水等作用，以及由于人为因素引起的附近水文地质改变的影响确定，根据勘测资料提供的最高水位标高，再加上 500mm 为设防标高。

### 第 3 题

【答案】：A、E

【依据】：基于《建筑材料与构造》。

B 选项中变形缝处混凝土结构的厚度应不小于 300mm。

## 第 4 题

【答案】：C、E

【依据】：基于《房屋建筑学》。

C 选项中应为 MU7.5；E 选项中应为 MU10。

## 第 5 题

【答案】：B、D

【依据】：基于《房屋建筑学》。

圈梁与构造柱互相连通，形成一个内骨架，加强了建筑物的整体刚度，是混合结构建筑墙体主要的抗震措施。

## 第 6 题

【答案】：A、B、D、E

【依据】：基于《房屋建筑学》。

隔气层只是起到保护保温层的作用。

## 第 7 题

【答案】：B、D、E

【依据】：基于《房屋建筑学》。

A 选项中楼板应考虑变形问题；C 选项中空心板不可随意打洞。

## 第 8 题

【答案】：A、B、D、E

【依据】：基于《房屋建筑学》。

B 选项大面积密集堆料的地面，其混凝土垫层的双向缩缝应采用平头缝，间距宜为 6m；E 选项假缝的宽度为 5～12mm，高度为垫层的 1/3。

## 第 9 题

【答案】：B、C、D

【依据】：《民用建筑设计统一标准》GB 50352—2019；《托儿所、幼儿园建筑设计规范（2019 年版）》JGJ 39—2016；《无障碍设计规范》GB 50763—2012；《中小学校设计规范》GB 50099—2011。

《民用建筑设计通则》第 6.8.8 条：室内楼梯扶手高度自踏步前缘线量其不宜小于 0.90m。靠楼梯井一侧水平扶手长度超过 0.50m 时，其高度不应小于 1.05m。

《托儿所、幼儿园建筑设计规范（2019 年版）》第 4.1.11 条：楼梯、扶手和踏步应符合下列规定：2 楼梯除设成人扶手外，应在梯段两侧设幼儿扶手，其高度宜为 0.60m。

《无障碍设计规范》第 3.8.1 条：无障碍单层扶手的高度应为 850～900mm，无障碍双层扶手的上层扶手高度应为 850～900mm，下层扶手高度应在 650～700mm。

《中小学校设计规范》第 8.7.6 条：中小学校室内楼梯扶手高度不应低于 0.90m，室外楼梯扶手高度不应低于 1.10m。

B 选项中应为高度不应小于 1.05m；C 选项中应为下层扶手高度为 0.65～0.70m；D 选项中应为 0.60m。

### 第 10 题

【答案】：B、C

【依据】：基于《房屋建筑学》。

A 选项中室外坡道坡度不宜大于 1∶10；D 选项中非机动车踏步式出入口推车斜坡的坡度不宜大于 25％；E 选项中坡道中间休息平台的水平长度不应小于 1.50m。

### 第 11 题

【答案】：A、B、D

【依据】：基于《房屋建筑学》。

C 选项无此做法，因此不选；E 选项不是收头做法。

### 第 12 题

【答案】：A、B

【依据】：《平屋面建筑构造》12J201，P8，第 1.2 节。

平屋面不一定要设置找坡层，隔汽层一种为了防止室内水蒸气渗入保温层，在屋面铺设一层气密性、水密性的防护材料。不是所有的建筑都会产生水蒸气，因此根据建筑的具体特点决定是否设置隔汽层，隔离层需根据实际情况设置。

### 第 13 题

【答案】：A、C、D、E

【依据】：基于《房屋建筑学》。

B 选项中伸缩缝上的盖板缝不必适应上下方向的位移，而沉降缝上的盖板缝必须满足这一要求。

### 第 14 题

【答案】：B、C

【依据】：基于《房屋建筑学》。

### 第 15 题

【答案】：A、C、D

【依据】：基于《房屋建筑学》。

B 选项天窗面积过大影响安全性；E 选项天窗一般不考虑是否开启问题。

### 第 16 题

【答案】：C、D

【依据】：基于《房屋建筑学》。

A 选项三层以下的建筑一般设一道圈梁；B 选项屋盖处应设圈梁；E 选项圈梁同墙厚。

### 第 17 题

【答案】：B、C、D、E

【依据】：基于《房屋建筑学》。

平屋顶的隔热构造可采用通风隔热、蓄水隔热、植被隔热、反射隔热等方式。

## 第 18 题

【答案】：A、B、C、D

【依据】：基于《房屋建筑学》。

受较大荷载或受冲击力作用的地面，应根据使用性质及场所选用易于修复的块材、混凝土、粒料、灰土类。

## 第 19 题

【答案】：A、B、C、D

【依据】：《全国民用建筑工程设计技术措施》2009 JSCS——《规划·建筑·景观》分册，第 8.3.6 节。

A 选项楼梯的净宽不应小于 0.9m；B 选项梯段和平台均应采用不燃材料制作；C 选项梯段的耐火极限不应低于 0.25h；D 选项通向室外楼梯的门应采用乙级防火门，并应向室外开启。

## 第 20 题

【答案】：A、B、D、E

【依据】：《民用建筑设计统一标准》GB 50352—2019，P36，第 6.11.9 条。

C 选项双面弹簧门应在可视高度部分装透明安全玻璃。

## 第 21 题

【答案】：D、E

【依据】：《地下建筑防水构造》10J301，13.4 防水材料的加强处理要求；《地下工程防水技术规范》GB 50108—2008，第 5.1.7 节。

D 选项中环境温度高于 50℃时，可采用金属止水带，但低于 50℃时并不影响使用；E 选项中附加防水层应与原防水卷材采用同种材料。

## 第 22 题

【答案】：A、D、E

【依据】：《地下建筑防水构造》10J301，表 1 地下建筑防水等级标准分类与适用范围对照表。

B 选项为二级防水；C 选项为一级防水。

## 第 23 题

【答案】：B、C、D

【依据】：基于《房屋建筑学》。

墙体的高度、墙垛对墙体的稳定性有影响。

## 第 24 题

【答案】：A、C

【依据】：基于《房屋建筑学》。

木地板的特点为：有弹性、保温性好、耐火性差。

## 第 25 题

【答案】：A、B、C

【依据】：《托儿所、幼儿园建筑设计规范（2019 年版）》JGJ 39—2016；《建筑结构荷载规范》GB 50009—2012；《无障碍设计规范》GB 50763—2012。

D 选项中应为幼儿园的阳台、屋顶平台栏杆扶手高度应不小于 1.10m；E 选项中应为无障碍楼梯单层扶手高度应小于 0.9m，大于 0.8m。

## 第 26 题

【答案】：C、D、E

【依据】：基于《房屋建筑学》。

A 选项是伸缩缝的设置依据；B 选项是沉降缝的设置依据。

## 第 27 题

【答案】：A、C、E

【依据】：基于《房屋建筑学》。

根据教材屋顶坡度表示方式有百分比法、斜率法及角度法。

## 第 28 题

【答案】：A、B、C

【依据】：基于《房屋建筑学》。

门的开启方式通常有平开门、弹簧门、推拉门、转门、升降门、上翻门、卷帘门。

## 第 29 题

【答案】：A、C、D、E

【依据】：基于《房屋建筑学》。

B 选项圈梁不起传递荷载的作用。

## 第 30 题

【答案】：A、E

【依据】：《民用建筑设计统一标准》GB 50352—2019。

梯段处净高不应小于 2.2m；室内楼梯扶手高度自踏步前缘线量起不宜小于 0.9m。

B 选项为满足防水要求室内外需有高差；C 选项中间平台宽度不小于梯段宽，并不得小于 1.2m；D 选项 10 阶踏步反映在平面图上有 9 阶。

# 附录 2　2021 年全国职业院校技能大赛建筑 CAD 项目"建筑施工图绘制"赛题剖析

　　该模块侧重于考核参赛选手使用 CAD 软件进行建筑投影与建筑施工图绘制、图形修改、尺寸标注、图样发布的能力，正确绘制符合国家制图标准的建筑图样的能力以及团队协作等综合能力。

附2-1 "建筑施工图绘制"赛卷

附2-2 "建筑施工图绘制"赛卷剖析

# 附录3 2021年全国职业院校技能大赛 建筑 CAD 项目 "房屋建筑建模" 赛题剖析

该模块由两位选手协作完成，侧重于考核参赛选手使用 CAD 软件的高级功能进行构建建筑模型的能力，同时考察选手精细识图能力和团队协作能力。

附3-1 "房屋建筑建模" 赛卷　　　　　　附3-2 "房屋建筑建模" 赛卷剖析

# 参 考 文 献

［1］ 董祥国. AutoCAD 2020 应用教程［M］. 南京：东南大学出版社，2020.

［2］ 董祥国. 建筑 CAD 技能实训［M］. 北京：中国建筑工业出版社，2016.

［3］ 同济大学，西安建筑科技大学，东南大学，重庆大学. 房屋建筑学［M］. 5 版. 北京：中国建筑工业出版社，2016.

［4］ 陆可人，欧晓星，刁文怡. 房屋建筑学［M］. 3 版. 南京：东南大学出版社，2013.

［5］ 唐仁卫. 画法几何及土木工程制图［M］. 4 版. 南京：东南大学出版社，2014.

［6］ 苏炜. 房屋建筑学［M］. 2 版. 北京：化学工业出版社，2013.

［7］ 樊振和. 建筑构造原理与设计［M］. 天津：天津大学出版社，2006.

［8］ 《注册建筑师考试教材》编委会. 建筑材料与构造［M］. 17 版. 北京：中国建筑工业出版社，2021.